LÂCHER PRISE POUR VAINCRE LA DÉPENDANCE

infographie : Chantal Landry

Catalogage avant publication de Bibliothèque et
Archives nationales du Québec et Bibliothèque et
Archives Canada

Finley, Guy, 1949-
  [Breaking dependency. Français]
  Lâcher prise pour vaincre la dépendance
  Traduction de : Breaking dependency.
  ISBN 978-2-7619-4141-9

  1. Comportement compulsif. 2. Lâcher prise. I. Titre.
II. Titre : Breaking dependency. Français.

RC533.F5614 2014   616.85'227   C2014-940931-1

Gouvernement du Québec – Programme de crédit
d'impôt pour l'édition de livres – Gestion SODEC –
www.sodec.gouv.qc.ca

L'Éditeur bénéficie du soutien de la Société de déve-
loppement des entreprises culturelles du Québec pour son
programme d'édition.

 Conseil des Arts   Canada Council
du Canada   for the Arts

Nous remercions le Conseil des Arts du Canada de l'aide
accordée à notre programme de publication.

Nous reconnaissons l'aide financière du gouvernement du
Canada par l'entremise du Fonds du livre du Canada pour
nos activités d'édition.

10-14

© 2013 Guy Finley

Traduction française
© 2014, Les Éditions de l'Homme,
division du Groupe Sogides inc.,
filiale de Québecor Média inc.
(Montréal, Québec)

L'ouvrage original a été publié sous le titre
Breaking Dependency.

Tous droits réservés

Dépôt légal : 2014
Bibliothèque et Archives nationales du Québec

ISBN 978-2-7619-4141-9

DISTRIBUTEURS EXCLUSIFS :

• Pour le Canada et les États-Unis :
MESSAGERIES ADP inc*
2315, rue de la Province
Longueuil, Québec J4G 1G4
Tél. : 450 640-1237
Télécopieur : 450 674-6237
* filiale du Groupe Sogides inc.,
   filiale de Québecor Média inc.

• Pour la France et les autres pays :
INTERFORUM editis
Immeuble Paryseine, 3, Allée de la Seine
94854 Ivry CEDEX
Tél. : 33 (0) 4 49 59 11 56/91
Télécopieur : 33 (0) 1 49 59 11 33
Service commandes France Métropolitaine
Tél. : 33 (0) 2 38 32 71 00
Télécopieur : 33 (0) 2 38 32 71 28
Internet : www.interforum.fr
Service commandes Export – DOM-TOM
Télécopieur : 33 (0) 2 38 32 78 86
Internet : www.interforum.fr
Courriel : cdes-export@interforum.fr

• Pour la Suisse :
INTERFORUM editis SUISSE
Case postale 69 – CH 1701 Fribourg – Suisse
Tél. : 41 (0) 26 460 80 60
Télécopieur : 41 (0) 26 460 80 68
Internet : www.interforumsuisse.ch
Courriel : office@interforumsuisse.ch
Distributeur : OLF S.A.
ZI. 3, Corminboeuf
Case postale 1061 – CH 1701 Fribourg – Suisse
Commandes :   Tél. : 41 (0) 26 467 53 33
         Télécopieur : 41 (0) 26 467 54 66
         Internet : www.olf.ch
         Courriel : information@olf.ch

• Pour la Belgique et le Luxembourg :
INTERFORUM editis BENELUX S.A.
Fond Jean-Pâques, 6
B-1348 Louvain-La-Neuve
Téléphone : 32 (0) 10 42 03 20
Fax : 32 (0) 10 41 20 24
Internet : www.interforum.be
Courriel : info@interforum.be

GUY FINLEY

LÂCHER PRISE
POUR VAINCRE
LA DÉPENDANCE

Traduit de l'anglais (États-Unis)
par Jean-Loup Lansac

LES ÉDITIONS DE L'HOMME
Une société de Québecor Média

AVANT-PROPOS
DE Mme DESI ARNAZ J^r

Il est six heures du matin et, en ce moment, tout va bien. Je dis cela parce que, dans l'absolu, tout va bien. C'est une affirmation qui semble tenir de la profession de foi, j'en suis bien consciente. Il faut cependant savoir que Dieu ne conçoit pas le temps de la même façon que nous. Si nous nous laissons bercer par sa bienveillance jusqu'au moment de nous endormir, nous aurons l'assurance au réveil que tous les événements qui surviendront dans la journée se dérouleront de la bonne façon… y compris les appels de détresse que nous recevrons à deux heures du matin de la part de nos proches toxicomanes qui se seront mis dans le pétrin.

J'écris cette introduction à l'ouvrage de mon ami Guy Finley pour deux raisons. D'abord, parce qu'il y a trente-cinq ans de cela, je n'aurais jamais cru que ma vie pourrait un jour être affectée par les dépendances. Pourtant, elle l'a été. Ensuite, parce que Guy sait reconnaître une codépendante de premier ordre lorsqu'il en voit une! Ma dépendance s'exerce envers les personnes dépendantes. Je suis accro aux personnes qui dépendent de moi. Je nettoie leurs dégâts et je remets de l'ordre dans leur vie. Les appels que je reçois en plein cœur de la nuit parviennent aisément à sustenter ma codépendance et à me tenir occupée. Cependant, si je fais l'erreur de me prendre pour une martyre en raison des écarts de comportement des toxicomanes qui m'entourent, je me place dans une position où « l'action » prend le dessus sur « l'être ». Or, je demande au ciel de me dire ce que je devrais être, plutôt que de m'indiquer ce que je devrais faire. C'est précisément dans cette demande que se trouvent les réponses à tous les problèmes.

Il m'est arrivé deux fois de m'asseoir aux côtés de parents (qui étaient toxicomanes) dans une clinique de désintoxication. J'ai étalé mes sentiments devant eux en toute honnêteté, en prenant soin d'établir des limites claires. Cela s'est produit au milieu d'un cercle formé d'une dizaine d'autres familles qui étaient également en rétablissement. Lorsque nous pleurions ou que nous riions, l'ensemble du groupe nous accompagnait. Était-ce gênant ? Assurément. Est-ce que cela contribuait à notre rémission ? Absolument. J'ai regardé toutes ces familles s'embarquer dans ce même processus, qui leur demandait d'abord de s'asseoir ensemble, genoux contre genoux.

Chacune des familles était ma famille et présentait des relations similaires entre toxicomanes et codépendants. L'ensemble de la famille doit guérir et il faut pour cela s'engager à laisser une force supérieure guider nos vies. En disant cela, je ne répète pas bêtement quelque chose que j'ai entendu dans un centre de désintoxication. Je le savais déjà avant, pour avoir longuement travaillé sur ma vie intérieure, pour avoir prié et pour avoir fait des efforts honnêtes afin de vivre le type de vie dont parle Guy dans l'ensemble de ses livres.

Les appels que je reçois à deux heures du matin continuent de me chavirer, mais le lien que j'entretiens avec quelque chose de supérieur me permet de garder la tête hors de l'eau. Je sais que la vague finira par passer, parce qu'elle appartient au temps.

Cultivez votre vie spirituelle. Portez secours aux personnes qui en ont besoin, lorsque nécessaire, mais apprenez la différence entre fournir de l'aide pratique et valider un comportement. Plus nous réussirons à nous extirper de notre situation de codépendance, plus nous serons à même de connaître la liberté infinie de l'amour.

Ce livre vous aidera à faire exactement ce que suggère le titre : commencer à vaincre la dépendance. Il vous guidera doucement vers les révélations dont vous avez besoin pour apporter les changements « impossibles » à votre vie, ces changements que vous savez nécessaires, mais que vous n'êtes pas sûr de pouvoir accomplir. Mieux encore, ce livre vous permettra de commencer à faire ce travail essentiel en vous aidant à vous rappeler qu'une vie dans laquelle on n'aspire pas à atteindre la liberté réelle est une vie dans laquelle on prend le risque de passer à côté de l'essence même de l'existence.

INTRODUCTION
PAR LA D^{re} ELLEN DICKSTEIN

Parmi les thèmes centraux de la littérature et du cinéma, on rencontre souvent le récit d'hommes et de femmes qui se battent pour obtenir ce qu'ils désirent et qui, une fois qu'ils l'ont obtenu, se retrouvent piégés par la chose même qui était censée rendre leur vie parfaite. Si l'histoire est une tragédie, la personne sera détruite après avoir accédé à ce qui devait lui permettre d'atteindre la plénitude. S'il s'agit d'une comédie ou d'une histoire d'amour, le héros apprendra une leçon douloureuse, mais utile, avant de réviser ses priorités à la lumière de cette sagesse nouvelle. Il finira par trouver le bonheur malgré tout.

En tant que lecteurs ou spectateurs, nous aimons toujours ces histoires parce qu'elles montrent quelque chose que nous savons vrai. Cette réalité que nous ressentons au plus profond de nous, même si nous ne la comprenons pas pleinement, peut être résumée par l'adage populaire selon lequel il faut faire attention à ce que l'on souhaite, parce qu'on pourrait bien l'obtenir. Après avoir obtenu l'objet de nos désirs, nous pourrions ne plus en vouloir… ou nous en vouloir !

Mais pourquoi faut-il donc faire attention à ce que l'on souhaite ? Pourquoi l'obtention de ce que l'on désire constitue si souvent une déception ou, pire, la chose même qui détruit notre vie plus encore? Personne n'explique jamais les raisons de ce phénomène. Ou, devrais-je dire, personne ne nous l'avait expliqué jusqu'ici. En effet, dans les pages de ce petit livre révolutionnaire, Guy Finley révèle finalement pourquoi la réalisation de nos souhaits est si souvent le commencement de difficultés encore plus importantes que celles que nous souhaitions résoudre. Ce faisant, il explique les causes sous-jacentes de toute dépendance et de toute relation de codépendance. Tous les problèmes de ce genre ont une origine commune, qu'il s'agisse d'une dépendance à l'alcool, aux drogues, au jeu ou à l'argent, ou encore d'une relation de violence, d'une obsession à propos d'une peine d'amour, d'ambitions déçues, voire d'une relation de codépendance avec une personne souffrant de l'une de ces dépendances. La racine de ces maux se trouve dans la psyché divisée des individus dont la spiritualité est en dormance.

Il s'agit d'une précieuse information pour tous ceux qui souffrent de l'un de ces problèmes… et, d'une certaine façon, nous en souffrons tous. Lorsque nous sommes prêts à reconnaître que tous nos efforts pour nous libérer ne nous conduisent que dans des situations plus embrouillées où nous sommes encore moins libres qu'avant, quelque chose en nous ressent l'urgence de comprendre ce paradoxe. Il doit bien y avoir en nous un mécanisme qui fait dérailler l'ensemble des plans que nous avions pourtant si bien conçus. Nous cherchons sans rechigner la chose qui, selon notre cerveau et nos pulsions les plus profondes, nous permettra d'atteindre la liberté pour découvrir qu'elle ne nous mène qu'à un état d'asservissement. La volonté qui nous pousse à agir ne peut donc pas être une volonté libératrice. Il s'agit alors d'une volonté qui représente quelque chose de sombre, dont l'existence même dépend de notre état captif. C'est là que l'information que nous donne Guy s'avère être une force si puissante et transformatrice. Les secrets qu'il révèle dans cet ouvrage alimentent notre réflexion et nos émotions jusqu'à ce que nous finissions par réveiller la volonté d'être libre qui sommeille en nous. Les actions que nous entreprenons à la suite de cette réflexion nous amèneront inévitablement à tourner le dos à nos problèmes pour emprunter la voie de la liberté !

Les enseignements et les méthodes présentés dans *Lâcher prise pour vaincre la dépendance* sont faciles à comprendre et à mettre en pratique par les individus qui cherchent à s'aider eux-mêmes, comme par les psychothérapeutes et les différents professionnels qui essaient d'aider les autres. Les principes exposés sont compatibles avec plusieurs approches psychologiques liées aux dépendances, mais ils amèneront le lecteur au-delà de tout ce qu'il a pu connaître jusqu'ici. On y présente des vérités profondes et apaisantes que le cœur reconnaîtra immédiatement comme quelque chose qu'il a toujours su... mais qui a malheureusement été oublié. Une fois ces vérités reconnues, au fil de notre lecture de ce livre, leurs vertus curatives pourront cependant commencer à agir et à transformer nos vies.

Guy Finley possède un don unique pour capturer de grandes vérités qui brillent comme des étoiles aux confins de la galaxie spirituelle, pour éclairer de tous leurs feux les problèmes auxquels les gens sont confrontés quotidiennement. Ce faisant, il aide à traiter ces problèmes et montre qu'il existe une vie supérieure dans laquelle aucun de ces soucis n'existe. Ce livre fonctionne à tous les niveaux. Les lecteurs peuvent utiliser les principes qui y sont présentés pour leur aspect pratique avant tout. Cependant, s'ils le choisissent, ils peuvent également accepter l'invitation qui leur est lancée et suivre la voie spirituelle qui les guidera vers une vie complètement différente. Une fois que l'on réveille en soi la volonté d'être libre, rien ne peut nous arrêter !

TROIS AMIS DONT VOUS AUREZ BESOIN POUR VOUS AIDER À VOUS LIBÉRER

Dans ce livre, vous ferez la connaissance de trois nouveaux amis vers qui vous pourrez toujours vous tourner lorsque vous aurez besoin d'aide et de conseils. Individuellement, ils renforceront votre volonté d'être libre ; collectivement, ils vous accompagneront à travers chacune des étapes de votre périple afin de s'assurer que vous pouvez parvenir à l'indépendance à laquelle votre cœur aspire. Quel que soit le nom que vous leur donnerez, une chose est certaine : plus vous apprendrez à les côtoyer, plus vous pourrez vous libérer de ce qui vous opprime rapidement et définitivement. Voici vos trois nouveaux amis :

1. Des conseils spéciaux remplis d'une sagesse profonde qui vous aideront à voir votre vie sous une toute nouvelle lumière. Grâce à cet éclairage, vous pourrez prendre conscience de vos comportements autodestructeurs et vous en libérer.
2. Des exercices spirituels uniques qui vous aideront à comprendre la nécessité d'accéder à un tout nouveau type de liberté et à réveiller en vous le moyen direct d'y accéder.

3. Une nouvelle forme de foi née de la prise de conscience que l'univers entier est (et a toujours été) de votre côté, et que tout ce dont vous avez besoin pour être libre se trouve déjà en vous, n'attendant que d'être réveillé.

Une dernière chose : il est probable que plusieurs des idées que vous êtes sur le point de lire vous semblent étranges… *dans un premier temps*. D'une certaine façon, ce type de confusion initiale est naturelle et nécessaire ; lorsque nous entrons en contact avec quelque chose qui est authentiquement nouveau, il faut toujours un moment pour que notre ancienne compréhension des choses parvienne à saisir ce qui l'invite à se transcender.

Soyez donc patient avec vous-même et avec ces nouvelles données. En un sens, vous connaissez déjà les vérités que vous êtes sur le point d'apprendre ; vous les avez simplement oubliées. C'est là que se trouve d'ailleurs le réel objectif de ce livre : vous aider à vous souvenir que vous êtes libre, et que vous l'avez toujours été.

PREMIÈRE PARTIE

LE TRIOMPHE DE LA VÉRITÉ SUR LA TENTATION

Enseignement important : Puisque aucun désir ne peut se réaliser lui-même (par lui-même et par tout ce qu'il imagine), il ne peut rien faire d'autre que d'imaginer une plus grande quantité de la chose qui ne l'a pas satisfait en premier lieu ; ce cycle invisible est le ressort principal des comportements de dépendance. Comme d'autres états d'esprit autodestructeurs et inconscients, l'incessante impression d'être incomplet nourrit un noir moteur que l'on appelle la consommation ostentatoire. C'est comme si un désir inconscient tentait de remplir un seau sans fond en y versant sans cesse une eau imaginaire.

Avez-vous déjà éprouvé cette sensation désagréable et souvent troublante de croire posséder quelque chose, pour réaliser par la suite que ce n'était pas vous qui possédiez cette chose, mais que c'était *elle* qui vous possédait ! Plusieurs d'entre nous ont emprunté cet étrange parcours dans lequel nous commençons par prendre une mauvaise habitude qui se transforme petit à petit en quelque chose de si coutumier que nous ne pouvons plus l'arrêter ou l'abandonner.

Vu à travers le prisme de pareils désirs, tout cela semble innocent jusqu'à ce que nous réalisions, trop tard... qu'il n'en est rien.

Le vrai échec survient pourtant plus tard, lorsque nous acceptons l'idée néfaste qu'il n'y a rien à faire pour nous tirer de la situation dans laquelle nous nous sommes mis. Nous acceptons alors ni plus ni moins de vivre avec quelque chose qui nous nuit et qui a de surcroît le contrôle sur nous.

La plupart d'entre nous avons connu cet état de captivité d'une façon ou d'une autre. C'est ce que l'on appelle communément une dépendance : une dépendance physiologique ou psychologique à une substance, à une personne, à un état ou à toute autre chose. La personne dépendante se lance dans ce type de relation parce qu'au moment précis de l'amorcer, il lui semble que c'est exactement la chose qu'elle doit faire pour se sentir mieux avec elle-même, pour se sentir plus complète.

La dépendance est un grave problème qui ne se limite pas à la drogue, à l'alcool, au tabac ou à d'autres produits de consommation. Aussi terribles que soient ces envies irrépressibles, les dépendances physiques ne sont souvent que la conséquence perturbante et souvent dangereuse pour la santé de problèmes sous-jacents plus profonds. Ce sont ces zones cachées en nous que nous examinerons ensemble. Nous visiterons les recoins psychologiques de nos esprits et de nos cœurs qui, avant d'éprouver un besoin pour une quelconque substance, éprouvaient une certaine sensation d'exister pour eux-mêmes. Nous verrons également que ce type de désir est virtuellement insatiable. Nous en avons la preuve partout autour de nous, même si nous ne l'avons pas encore vue en nous. Prenez par exemple le cas, en apparence inexplicable, d'une personne dont la fortune se compte en millions de dollars, mais qui se fait prendre à voler un vulgaire chandail coûtant tout au plus cinquante dollars. Demandez-vous pourquoi un millionnaire se sent obligé de gagner encore et toujours plus d'argent, alors qu'il ne pourra jamais dépenser ce qu'il possède déjà, dût-il vivre mille ans. Tel un papillon attiré par la lumière, le rêve de voir nos peurs et nos inquiétudes cesser pour de bon vit en chacun de nous. Il envahit nos vies et nous pousse à chercher des lendemains qui chantent, dans lesquels nous ne pourrons plus ressentir de douleur. Qu'on me comprenne bien, ces désirs inconscients ne se limitent pas à des choses physiques ou à la recherche de possessions matérielles. Prenons un autre exemple pour y voir plus clair.

Si on nous posait la question, la plupart d'entre nous dirions que nous ne nous soucions pas plus qu'il ne faut de l'opinion qu'ont les autres de nous ; évidemment, s'il en avait le choix, chacun de nous préférerait être vu comme quelqu'un de « spécial », mais pas au point d'accepter de souffrir pour atteindre ce résultat. Or, est-ce bien vrai ? Ne désirons-nous pas tous secrètement obtenir l'approbation de presque toutes les personnes que nous rencontrons ? Même le rejet passager d'un étranger croisé dans la rue peut avoir des effets ravageurs sur notre estime de soi ! Qu'on ne s'y trompe pas : le fait de constamment mesurer sa propre valeur en se fiant au regard d'autrui constitue une forme de dépendance. Il est donc important d'être conscient que les choses que nous croyons vraies à notre propre égard sont souvent peuplées de contradictions douloureuses ; ce sont ces schismes invisibles dans notre âme qui pavent la voie au sentiment de captivité que nous éprouvons souvent par la suite. Vient après la lutte familière pour nous libérer de nos chaînes. Le problème, c'est que, la plupart du temps, plus nous nous démenons, plus nous nous retrouvons fermement pris dans les griffes de ce à quoi nous tentions justement d'échapper. John Milton, l'auteur du célèbre livre *Le Paradis perdu*, qui vécut au 17ᵉ siècle, posa un regard éclairé sur ce phénomène récurrent, en disant : « Celui qui a vaincu par la force n'a vaincu qu'à moitié son ennemi. »

Que veut-on dire par cette étrange idée selon laquelle on ne pourrait vaincre qu'à moitié en vainquant par la force? Nous avons tous constaté qu'il est possible, par un effort de notre volonté, de tenir en échec une chose qui nous met en danger, ne serait-ce que momentanément. Nous avons également vu que les raisons expliquant son emprise sur nous ne nous étaient alors pas révélées, pas plus que ce contrôle ne s'amenuisait réellement. Aussitôt notre garde baissée, cela revenait gagner nos esprits. N'avez-vous jamais eu l'impression de vous être défait pour de bon d'une dépendance malsaine, d'une chose dont vous aviez peur en raison du contrôle qu'elle exerçait sur votre vie, pour ensuite la voir réapparaître, tel un sombre phénix revenu à la vie, balayant d'un coup tous vos efforts?

Pour vaincre une dépendance, il ne fait aucun doute qu'une forme de « volonté » est requise. Cependant, nous ne pouvons pas trouver la force dont nous avons besoin, ce qui est à la source des efforts que nous devons entreprendre, en essayant simplement de repousser les murs qui semblent cloisonner notre existence dans l'espoir que cela puisse suffire à les faire tomber. Heureusement, par contre, une autre voie s'ouvre à nous: la voie de la *connaissance de soi spirituelle*. Ce qui nous mène à ce conseil fort encourageant:

La seule chose qui vous sépare de la liberté à laquelle vous aspirez, c'est ce qu'il vous reste encore à apprendre sur vous-même.

Pensez à cela un moment: les dépendances trouvent toujours leur sombre origine dans *l'inconscience de ce que l'on s'apprête à faire contre nous-mêmes*. La racine de toute dépendance néfaste se trouve systématiquement dans ce type de gouffre spirituel. Cependant, grâce à une nouvelle connaissance de soi, acquise par l'intermédiaire d'une plus grande conscience de soi, nos cœurs et nos esprits pourront se remplir d'une nouvelle forme de lumière. Nous réveillons alors en nous une intelligence sans compromis, qui sera capable de discerner et de dissoudre les sombres racines qui se sont implantées dans notre corps comme dans notre esprit.

La source secrète de toutes les dépendances

Toute dépendance, quelle qu'en soit la nature, commence par quelque chose qui se présente sous la forme d'une tentation invisible. Il est important de le signaler, parce que nous devons réaliser que les choses qui sont dangereuses pour nous (ces choses qui nous contrôlent) ne viennent pas de nulle part. Il y a toujours une raison « intérieure » insoupçonnée qui nous pousse à entrer dans un état de captivité. La bonne nouvelle, c'est qu'une fois que nous serons suffisamment éveillés pour être pleinement conscients (une fois que nous serons présents à nous-mêmes quand ces côtés sombres se manifesteront, donc), nous pourrons retrouver notre droit à l'autonomie, grâce à la lumière de cette conscience nouvelle.

Jetons un œil sur quelques tentations très fréquentes et sur le type de dépendance qu'elles entraînent. Combien d'entre nous connaissons des gens qui, d'une manière ou d'une autre, sont obsédés par « l'amour de l'argent » ? Soit ils ne cessent de s'inquiéter au sujet de ce qu'ils ont, soit ils se demandent constamment comment ils pourraient en avoir plus. C'est du pareil au même, voyez-vous ; peu importe ce qu'elles possèdent (qu'elles soient fortunées ou non), ces « pauvres » âmes ne peuvent abandonner leur obsession. Or, comment devenons-nous dépendants de l'idée selon laquelle l'argent ou le pouvoir peuvent nous apporter la satisfaction dans la vie ? Cette idée torturante commence par une forme de tentation inconsciente, mais extrêmement commune.

Au fil de nos relations avec notre famille, nos amis, nos connaissances et même avec les médias, nous avons fini par croire à quelque chose qui pourrait se traduire ainsi : « Si seulement j'avais ça… Si je pouvais mettre la main là-dessus… Si seulement je pouvais doubler mes revenus… alors ce sentiment de ne pas être à ma place dans la société, qui me cause tant d'anxiété, disparaîtrait enfin ! »

Une fois que l'on en vient à croire ce genre de fausses conclusions, le mal est fait ; que pouvons-nous faire d'autre ? Ne pas chercher à obtenir cette chose qui, croyons-nous, pourrait nous rendre plus complet semblerait alors équivaloir à nous condamner à mener une existence remplie d'insatisfactions. Les comportements de dépendance (comme une inquiétude obsessive à propos de la richesse) sont portés par nos peurs, aussi certainement que les tempêtes sont transportées par des systèmes dépressionnaires. Dans ce cas, la tentation ressemble à une tempête dont les effets seraient multiples : elle nous pousse à éviter ce que nous concevons comme un statut social indésirable, tout en nous incitant à éprouver une crainte terrible à l'idée de ne pas y parvenir. Ce qui nous amène à réfléchir aux paroles suivantes :

L'essence même de la tentation (ce qui lui donne une emprise sur nous) est enfermée dans la promesse implicite qu'elle nous fait en nous laissant croire que nous pourrons devenir complets en cédant à l'objet de notre désir au moment où nous en éprouvons le besoin.

Réfléchissez un instant à cette phrase du *Notre Père*, que l'on trouve dans le Nouveau Testament : « Et ne nous soumets pas à la tentation, mais délivre-nous du mal. » Même si vous ne connaissez pas bien ce passage précis, ne vous êtes-vous jamais demandé pourquoi toutes les religions majeures considèrent la tentation comme un état mental qui peut non seulement mener à des actions mauvaises, mais qui est « mauvais » en soi ? Pour trouver la réponse à cette question, il nous faudra faire une enquête un peu particulière, qui commence comme suit.

Nos découvertes initiales nous ont déjà révélé que la source de toute tentation se trouve dans la volonté que nous avons de nous compléter nous-mêmes en faisant ou en obtenant quelque chose que nous croyons indispensable pour parvenir à nous sentir entiers et utiles. À première vue, ce souhait (et les actions qu'il inspire) peut nous sembler raisonnable et même désirable. Mais, de toute évidence... les apparences sont souvent trompeuses. Cherchons donc un peu plus loin.

Dès que nous sentons que nous courons après quelque chose (peu importe ce dont il s'agit) qui pourrait nous compléter nous-mêmes, nous devons nous demander quelle est la vraie nature de la force qui nous pousse à agir ainsi. Ce cheminement nous mène à l'importante prise de conscience suivante, à laquelle je vous invite à réfléchir aussi longtemps que vous en sentirez le besoin, et jusqu'à ce que vous en saisissiez le sens profond : *nous sommes poussés à poursuivre ces désirs par un sentiment subtil, mais très présent, d'incomplétude.*

Aucun de nous ne sentirait ce désir irrépressible de se compléter lui-même et ne choisirait volontairement d'adopter des attitudes autodestructrices s'il n'avait pas au plus profond de lui (même si cela peut parfois sembler subtil ou inéluctable) le sentiment d'être incomplet. Une fois que nous admettons cet état de fait, que pouvons-nous faire d'autre que de céder à tout ce qui se présente à nous ? En effet, *rien* ne pourrait être pire que de vivre avec le sentiment et la conviction de n'être, au plus profond de nous-mêmes, *tout simplement pas assez bons.*

Une fois que nous avons assimilé cette découverte, nous pouvons mieux définir la vraie nature de la lutte que nous menons sans cesse intérieurement pour nous sentir complets : il s'agit de la vaine tentative de faire quelque chose (qu'il s'agisse de boire, de fumer, d'ingérer, de se piquer ou de dire quelque chose) pour nous libérer de ce sentiment insatiable d'incomplétude.

Transcender l'illusion d'être incomplet

Le sentiment de n'être pas aussi complet que nous devrions l'être est très familier pour la plupart d'entre nous. Il s'agit pourtant d'un mensonge que nous nous racontons inconsciemment. Un mensonge qui a des conséquences désastreuses. Une partie des vérités dont nous avons besoin pour nous libérer de ce sentiment indésirable peut être trouvée dans un contexte pour le moins surprenant. L'illustration suivante est tirée du Nouveau Testament. Que cela soit bien clair, cependant : cette histoire n'est utilisée que comme une parabole psychologique au sujet de notre potentiel inexploité. Les leçons qu'elle exprime semblent donc aller de soi lorsque nous les transposons dans le contexte de notre vie quotidienne.

Selon les Évangiles, peu après avoir reçu l'onction de Jean le Baptiste, le Christ se rendit dans le désert, où il amorça un jeûne de quarante jours. C'est là, alors qu'il s'était consciemment privé des stimuli sensoriels usuels, que Satan (dont on a traduit le nom de l'araméen par « le séducteur ») lui apparut, et qu'il commença à lui présenter une série de tentations. Il est écrit que l'incarnation même de la tromperie, en voyant le Christ tenaillé par la faim, lui dit : « Si tu es le fils de Dieu, ordonne que ces pierres deviennent du pain. »

À cela, le Christ répondit : « Ce n'est pas de pain seulement que l'homme vivra, mais de toute parole qui sort de la bouche de Dieu. » (Matthieu, 4,4)

Il en fut de même pour toutes les tentations qui suivirent : le Christ répondit chaque fois qu'un autre choix s'offrait à lui ; un choix qui n'avait rien en commun avec les plaisirs ou les pouvoirs que le tentateur lui promettait de sa voix perfide, si seulement il les demandait. Qu'est-ce que cet esprit malin cherchait à accomplir en tentant ainsi le Christ ? Que voulait-il *vraiment* ? Et que peut nous apprendre cette parabole intemporelle à propos des dépendances qui nous occupent et qui trouvent leur essence dans l'espoir de pouvoir échapper à un sentiment d'incomplétude ?

Pour dire les choses simplement, le prince des menteurs essayait de duper le Christ. Il disait que, pour mettre un terme à sa faim et à sa douleur, le Christ n'avait qu'à se sauver lui-même. En d'autres mots, le Christ était appâté : pourquoi lui, le fils de Dieu, aurait-il dû souffrir de quoi que ce soit, alors que, d'un simple claquement de doigts, il pouvait sortir de la situation douloureuse dans laquelle il se trouvait ?

Voici ce à quoi je veux en venir : tout ce qui vient nous tenter et qui nous susurre à l'oreille : « *Allez, fais ce que tu dois faire pour te sentir complet* » appartient à un niveau inférieur de notre être. Pensez à cet appât, à la pression qu'il vous fait subir, comme à la volonté d'une nature incomplète (en nous) qui nous promet de combler nos manques, alors que, dans les faits, elle est incapable de nous offrir le sentiment de plénitude auquel nous aspirons.

Chaque fois que nous cédons à cette exhortation à nous compléter nous-mêmes (en cédant du coup à tout ce qu'elle nous donne la tentation de faire), nous faisons un pas de plus vers la dépendance envers la chose même qui devait nous libérer ! À partir de là, il n'y a qu'un petit pas à faire pour qu'une série douloureuse de dépendances et de comportements compulsifs s'enracinent en nous. C'est pourquoi il est impératif que nous prenions conscience de toutes les façons par lesquelles ce sentiment d'incomplétude peut se retourner contre nous ; nous devons prendre conscience des manœuvres sournoises qu'il opère en nous. La compréhension de cette incomplétude, que nous portons inconsciemment en nous, constitue la première étape qui nous permettra de nous défaire des dépendances dangereuses qu'elle engendre.

De prime abord, le défi qui se présente à nous semble considérable ; or, est-ce bien important de se demander combien de temps une pièce est demeurée plongée dans l'obscurité, dès lors que l'on y allume une chandelle ? L'énoncé qui suit sera toujours pertinent : ce qui est faux s'efface à la lumière de ce qui est vrai. Nous devons accepter de prendre conscience de la vérité suivante si nous voulons nous libérer de la servitude qui tire ses racines de notre incapacité à la voir : nos vies sont désormais façonnées par ce « sentiment d'incomplétude » à plus d'un titre. Ce sentiment est à l'origine de la plupart de nos actions, en dépit de notre capacité apparemment infinie à justifier ou à expliquer les comportements qui vont en son sens. Ne vous laissez toutefois pas décourager par ce que cette prise de conscience nous permet de voir : *il y a plus d'éléments en notre faveur que contre nous.*

La plupart d'entre nous éprouvons la vérité de notre situation intérieure, pour en avoir vu de grands pans au cours de notre vie… et souvent à notre plus grand désarroi ! Nous savons par expérience ce que saint Paul voulait dire lorsqu'il écrivit, il y a plusieurs siècles de cela : « Je ne fais pas le bien que je voudrais, mais commets le mal que je ne voudrais pas. » Que pourrions-nous dire d'autre pour expliquer le fait que nous pouvons être *complètement* convaincus qu'il ne faut pas faire (ou dire) quelque chose à un certain moment, pour nous retrouver en train de le faire l'instant d'après ?

Il n'y a qu'une façon de comprendre comment nous pouvons être amenés à faire des choses qui ne sont pas bonnes pour nous. Cela commence par la prise de conscience suivante, et la responsabilité qui l'accompagne : les crimes perpétrés contre nous par notre sentiment d'incomplétude trouvent leur origine *en nous*. Chercher à tout autre endroit serait aussi logique que de blâmer le talent culinaire de vos amis parce que vous avez trop mangé… encore !

Nous devrions par ailleurs reconnaître que ce sentiment d'incomplétude n'opère pas seul; il a des « amis » bien placés qui prennent la forme de pensées ou de sentiments qui nous semblent utiles ou réconfortants. Il est ainsi possible de voir que certains moments douloureux (desquels découlent les gestes qui nous causent préjudice) trouvent leur origine dans ce qui peut avoir l'air d'une pensée innocente, comme celle-ci : « Oh, je vais simplement penser à mes petits-enfants pendant quelques minutes. » Ou alors nous revoyons mentalement les détails de cette entente ratée qui a « failli » nous faire connaître la richesse et la célébrité. L'instant d'après, nous nous retrouvons plongés dans les regrets ou la tristesse, cherchant déjà mine de rien quelque chose qui pourra nous soulager, « tuer la douleur » que vient de faire naître l'événement que nous avons *volontairement* choisi de revivre quelques minutes auparavant seulement !

Cela devrait maintenant être clair : il y a en nous une force inconsciente et compulsive qui ne peut s'empêcher de rechercher les choses qui, selon elle, pourront lui permettre de devenir complète. Cette partie divisée de nous se moque bien de nous entraîner dans une poursuite effrénée et sans fin de la chose qu'elle a identifiée comme étant ce qui manque à notre contentement. Une illustration nous aidera à mieux comprendre ce processus et à découvrir la punition qu'il engendre secrètement.

Le jumeau terrible du désir

Aimez-vous consulter des catalogues ? Imaginez un instant que vous en ouvrez et que vous voyez une blouse ou une chemise. Votre esprit se dit alors : « Oh, quelle belle chemise, j'aurais fière allure si je la portais ! »

Alors que vous savourez cette image flatteuse (mais imaginaire) de vous-même, vous tombez inconsciemment dans une sorte d'état psychospirituel de somnolence. À ce même moment, sans vous en rendre compte, vous remettez votre vie de manière consensuelle à un sentiment d'incomplétude. Comme nous l'avons à présent compris, ce sentiment s'accompagne d'une « volonté » qui lui est propre et qui cherche à obtenir ce qui lui permettra de retrouver la complétude. Revenons à notre exemple et analysons d'un peu plus près cette tentation inconsciente.

En laissant aller votre imagination, vous vous voyez portant cette chemise ou cette blouse de soie qui vous donnera « fière allure ». Plus vous vous trouvez beau en imagination… plus le sentiment de plaisir qui vous envahit s'accroît. Pendant un bref instant, vous êtes entouré d'arcs-en-ciel et d'oiseaux qui chantent : vous avez la sensation d'être complet. Or, ce qui est le plus important ici est ce qui échappe à votre vue, et que nous chercherons maintenant à rendre visible.

Cette perception de soi si agréable ne dure jamais plus long-temps que le moment pendant lequel vous vous identifiez à l'image qu'elle a fait naître en vous : *une image créée par quelque chose qui se sent incomplet sans l'objet de son désir !* En d'autres mots, ce merveilleux senti-ment de plénitude ne peut exister indépendamment de ce que l'es-prit vient d'imaginer pour le produire.

L'anticipation de quelque chose de désirable est toujours plai-sante, ce qui, en soi, serait formidable si ce n'était un détail impor-tant à propos de la nature même du désir : il apparaît d'abord en nous, seul, amenant avec lui la promesse d'avoir exactement ce dont nous avons besoin pour que tout devienne parfait. Mais les appa-rences sont parfois trompeuses ; immédiatement derrière ce désir (comme s'il n'attendait que de sortir de son ombre, en fait) se cache son opposé : son « jumeau terrible ». Laissez-moi vous présenter l'une des plus grandes vérités qui pourra nous aider à nous libérer de la dépendance.

Le désir est double. De par sa nature, il est semblable à une pièce de monnaie présentant deux faces. Cela signifie qu'il est impossible de vouloir quelque chose (en imaginant le bonheur que cela nous procurera) sans *ne pas vouloir* que quoi que ce soit s'interpose entre vous et l'épanouissement que vous avez imaginé. En d'autres mots, la partie de nous qui imagine un nouveau bonheur ne peut s'empêcher de s'inquiéter de ce qui adviendrait de nous s'il fallait que l'on n'obtienne pas ce plaisir.

Si nous regardons de plus près le singulier mécanisme de l'esprit qui ignore ce qui sommeille en lui, nous pouvons faire une autre découverte d'envergure sur nous-mêmes : il semblerait qu'il existe deux moi en nous, apparemment séparés par un gouffre psychologique invisible qui les isole l'un de l'autre. Cette découverte nous aidera à mieux comprendre ce qui se produit en nous.

Dans un premier temps, il y a le moi « qui sera bientôt complet » ; celui qui a le sentiment et la conviction qu'il sera enfin entier lorsqu'il aura obtenu la chose qui, selon lui, lui manque. Cependant, au même moment, il y a un autre moi qui se sent incomplet d'une façon ou d'une autre et qui, malgré tous ses efforts, ne peut jamais atteindre l'illusoire complétude qu'il s'était imaginée. C'est ce moi insatisfait qui s'efforce de maintenir le désir en vie coûte que coûte, et qui cherche sans fin la carte qui lui permettra de trouver le chemin vers la « terre promise » du contentement durable. Ce qui nous mène à l'idée fondamentale suivante :

Le « moi » qui recherche une complétude imaginaire et qui se complaît dans cette perception de soi tout aussi imaginaire n'existe pas vraiment sans le « moi » qui se sent toujours incomplet et qui cherche à échapper à cette perception de lui-même qu'il n'aime pas. Aucun de ces deux moi ne peut exister indépendamment l'un de l'autre ; ils sont contraires, mais liés ensemble comme deux pôles opposés, inconscients du fait que l'un rêve de complétude précisément parce que l'autre rêve qu'il est incomplet.

Pouvez-vous voir les effets négatifs qu'a le fait d'être inconscient de la façon dont fonctionne cette division de l'esprit? Peut-être commencez-vous à comprendre qu'en nous identifiant à *l'une ou l'autre* des parties de notre esprit (et à ce qu'elles veulent), nous acceptons bien malgré nous de prendre à notre compte *son* insatisfaction. Qui plus est, une fois que nous avons cédé au sentiment envahissant d'être incomplet et à la douleur qui l'accompagne, il semble que nous n'ayons plus d'autre choix que de faire tout ce qu'il nous demande de faire.

Cette dichotomie de l'esprit, qui nous oriente dans la mauvaise direction à chaque tournant, représente l'expression même de ce qu'est l'incomplétude. La partie de nous qui croit que les choses ne sont « jamais assez bien » ne peut jamais trouver la paix qu'elle recherche, pas plus qu'une extrémité d'une allumette ne peut espérer éteindre le feu qui brûle à l'autre bout. Nous avons tous déjà vu cette image d'un âne qui court après une carotte attachée à un bâton. Ce que l'âne désire est juste devant lui, à portée de vue, mais pourtant impossible à atteindre. L'animal inconscient ne peut que courir après cet objet qu'il arrive presque à goûter, mais qu'il ne parviendra jamais à savourer.

Nous avons tous lutté, en vain, contre les demandes de cette volonté insatiable d'une façon ou d'une autre. Nous avons essayé de lui tenir tête en tentant de ne pas céder à ses appels désespérés. Pourtant, qui peut dire, en toute honnêteté: « Oui, j'ai gagné cette guerre qui avait lieu en moi », alors que nous savons que même si nous étions capables d'apaiser l'un des désirs qui nous assaille, il serait immédiatement remplacé par un autre? La citation de John Milton semble cette fois encore appropriée: « Celui qui a vaincu par la force n'a vaincu qu'à moitié son ennemi. »

Le mythe de l'hydre de Lerne s'applique bien à cette situation également. En effet, chaque fois qu'Hercule tranchait l'une des têtes de serpent de l'hydre, il en repoussait immédiatement deux nouvelles! Les mythes anciens comme celui-ci nous offrent une description assez précise de la raison pour laquelle nous échouons si souvent dans notre lutte pour nous libérer de nos dépendances. Nous continuons à attaquer et à «trancher» les formes extérieures de la chose qui nous maintient captifs, sans réaliser que la nature même de la dépendance demeure hors de notre portée et qu'elle recrée sans cesse de nouvelles apparences contre lesquelles nous devrons encore et toujours lutter. Il n'est guère étonnant, dans ces circonstances, qu'un si grand nombre d'entre nous se sentent défaits et surclassés par leur adversaire.

La véritable indépendance commence par une prise de conscience toute simple

La prochaine fois que vous entendrez cette «voix» familière qui vous murmure à l'oreille: «Allez, prends un petit verre, prends de la drogue, sois obsédé par telle ou telle chose, aie peur du futur ou regrette le passé», faites quelque chose de radicalement nouveau et différent. Cette action complètement nouvelle ne vous demandera pas une force ou une sagesse surhumaine; vous devrez simplement prendre conscience de ceci: il existe une voix en vous qui ne cesse de vous promettre de vous donner quelque chose qu'elle n'a jamais eu le pouvoir d'accomplir, c'est-à-dire de mettre un terme à ce sentiment incessant d'incomplétude. Assimilez cette vérité, puis suivez la première étape qui vous permettra de mettre un terme à ce qui vole votre vie.

Plutôt que de vous identifier inconsciemment à ce qui vous a été promis (comme le soulagement, la confiance, la paix d'esprit ou tout autre type de plaisir imaginé), *prenez conscience que la voix qui vous parle vous fait une promesse creuse!*

Est-ce que vous feriez confiance à un requin qui vous proposerait de vous mener jusqu'à la berge lointaine ? Bien sûr que non ! Alors, plutôt que d'accepter de céder au réconfort que vous offrent vos pensées ou vos sentiments familiers, secouez-vous et quittez le rêve dans lequel vous êtes plongé, à présent que vous savez ce qu'il représente. Soyez pleinement éveillé à ce qui se produit en vous. Reprenez le contrôle de votre attention en la portant sur *ce que vous savez maintenant qui est vrai*, en regardant en face les mensonges qui vous sont racontés au sujet de ce que vous devriez faire pour vous sentir complet.

Chaque fois que vous franchirez le pas intérieur qui vous mènera vers une réelle indépendance, un petit miracle se produira (simplement parce que *vous avez eu l'audace de faire ce pas*) : aussi certainement que le printemps ramène les hirondelles, vous verrez de plus en plus clairement la vérité fondamentale à partir de laquelle tout ce qui est bon et vrai devient possible : *vous êtes, en réalité, déjà complet*.

Oui, c'est exact : votre vrai moi est complet et n'a jamais été autrement. Les premières lueurs de cette nouvelle prise de conscience apportent un éclairage complètement différent sur tout ce que vous n'avez jamais été capable de changer. Voici pourquoi : la complétude de votre vrai moi ne peut pas se laisser tenter par les promesses creuses d'un bonheur à venir. Vous savez, sans même avoir besoin d'y réfléchir, qu'aussi longtemps que vous demeurerez conscient de ce que vous êtes vraiment, la complétude que recherche votre cœur sera là, avec vous, à l'endroit précis où vous êtes.

À ce moment de notre périple, il serait bon de prendre le temps de réviser quelques-unes des leçons les plus importantes que nous avons abordées jusqu'ici.

Nous avons maintenant appris que les désirs trompeurs qui nous mènent par le bout du nez tirent leur origine de quelque chose en nous qui se sent toujours incomplet, et que rien de ce que ce faux moi nous dit de faire ne peut diminuer l'emprise qu'il a sur nous. Nous savons aussi que combattre ce faux moi, comme nous l'avons fait par le passé, ne nous permettra jamais que de vaincre l'ennemi à moitié. Céder à ses demandes, en revanche, ne nous mènera nulle part, si ce n'est à l'autoculpabilisation. Ce tourment, ainsi que toutes les autres souffrances qui lui sont associées, est inutile. Il n'y a qu'*une* chose qui nous déchire réellement : nous continuons de croire (et de suivre) les fausses promesses que nous fait cet ennemi intérieur. C'est pourquoi il est impératif de cesser d'essayer de « faire quelque chose » pour contenter le sentiment d'insuffisance (ou d'incomplétude) dès lors que nous le ressentons. Il faut plutôt choisir de *voir* les parties de nous qui souhaitent que nous nous identifiions à ce sentiment. Opter pour ce nouveau type de vigilance est la graine d'un nouveau départ. Plutôt que de suivre ce vieil obstiné qui recherche sans cesse la gratification immédiate, nous devons reprendre le contrôle de notre propre attention et la placer à l'endroit où nous aimerions qu'elle demeure… c'est-à-dire sur ce qui est déjà complet et entier en nous. Or, cette étape spirituelle n'est que le premier des pas que nous devrons faire pour nous libérer de notre dépendance.

Dès que nous restons centrés sur cette prise de conscience salutaire (et cela même si nous ne sentons pas encore le Bien auquel nous avons fait appel nous envahir), nous devons nous donner, nous abandonner complètement à *ce qui est déjà complet* en nous. Ne serait-ce que parce que cet acte d'abandon nous permet d'espérer atteindre une complétude que nous n'avons pas encore connue. Il s'agira de mettre en pratique notre nouvelle compréhension des choses : nous ne voulons pas simplement « lâcher prise et nous en remettre à Dieu » ; nous savons maintenant que nous *devons* tourner le dos au sentiment d'incomplétude qui se trouve en nous, parce que nous avons vu ce qui se produit lorsque nous nous accrochons à ce qui nous fait souffrir.

Gardons cette idée en tête (à présent que nous avons compris clairement que «toute résistance est inutile») et analysons comment l'une des paroles du Christ les plus souvent citées semble empreinte d'une vérité nouvelle.

Jésus a dit à ses disciples : «Mais moi je vous dis de ne pas résister au méchant.»

Si l'on traduit cette phrase du texte en araméen, en reprenant la signification originale du mot «résister», Jésus dit : «*Ne vous opposez pas à ce qui s'oppose à vous.*» Le mot «méchant», dans ce contexte, est inséparable de l'idée originale de «tentation», à savoir les efforts que nous faisons pour atteindre la complétude en cherchant à obtenir ce que notre désir nous pousse à quérir pour mettre un terme à son sentiment d'incomplétude.

Si nous sommes attentifs, ici, nous pouvons voir que le mot «méchant» prend un tout nouveau sens. Pour commencer, cela signifie que, chaque fois que nous acceptons d'obéir au sentiment d'incomplétude que nous portons en nous (en courant après ce qui, selon ses promesses fallacieuses, pourra nous rendre enfin complets), nous nous condamnons (pour le moment, du moins) à demeurer séparés de la complétude qui se trouve déjà en nous.

C'est pourquoi il est si important de rester conscients de ce que nous sommes à l'intérieur de nous-mêmes. Autrement, chaque fois que nous ressentons une douleur causée par une indéfinissable sensation de vide, nous ne sommes pas capables de nous souvenir que nous vivons déjà dans l'abri du vrai moi qui est, et a toujours été... *complet.* Seule cette forme de conscience de soi plus élevée peut nous permettre de mettre fin à la guerre qui fait rage en nous. Elle nous permet instantanément de comprendre que notre sentiment d'incomplétude peut nous sembler réel, mais que les « raisons » qui le sous-tendent sont toujours mensongères. Lorsque le faux moi disparaît enfin, les fourbes incitations qu'il nous propose disparaissent avec lui. Il ne peut plus nous entraîner dans sa quête pour devenir ce qu'il ne pourra jamais être de la façon dont il s'y prend : *complet.*

Lorsque nous prenons conscience de ces nouvelles réalités qui nous habitent, la route de la liberté apparaît devant nous. Pourtant, aussi puissantes, prometteuses et en fin de compte libératrices que soient ces prises de conscience, il ne faut pas perdre de vue qu'il n'existe pas de « pilule » spirituelle magique. Pour vous aligner sur cette intelligence incorruptible, pour connaître cette liberté incontestable, il vous faut être dévoué ; un véritable travail intérieur est nécessaire. C'est dans cet esprit que je vous invite à examiner une idée à partir de laquelle il est possible de déduire un millier de leçons importantes dont vous aurez besoin pour arriver à la véritable indépendance.

Plus votre intention d'être libre sera claire (en refusant de tolérer des pensées néfastes ou d'entretenir de fausses promesses), plus il vous sera facile de voir les obstacles qui se dressent sur votre chemin. Voici pourquoi : *toutes les limites dont vous prenez conscience cessent d'avoir une influence indue sur votre vie.* Le travail que vous faites pour prendre conscience de la vérité de vous-même, pour vous intégrer vous-même, est en réalité indissociable de la libération que vous cherchez.

Si vous êtes prêt à vous éveiller et à parcourir ces nouveaux mondes qui se trouvent en vous, vous verrez rapidement qu'une sorte de miracle se produira dans votre cœur et dans votre esprit, traversant l'ensemble de votre être. Vous verrez la noirceur dans laquelle vous viviez se transformer en la lumière que vous avez toujours cherchée. Une fois que cette lumière vivra en vous, tout deviendra possible. Je sais que c'est la vérité. Vous pouvez le savoir aussi.

DEUXIÈME PARTIE

DE LA CODÉPENDANCE À L'INDÉPENDANCE : ÉVEILLEZ LE DÉSIR DE LIBERTÉ EN VOUS

Vous êtes-vous déjà demandé pourquoi, alors que tant de personnes parlent du besoin d'apporter des changements réels dans leur vie, si peu de choses changent vraiment ? La raison en est bien simple : contrairement à la croyance populaire, les différentes formes de dépendance, avec les conflits et les peurs qu'elles engendrent, sont plus fréquentes et problématiques qu'elles ne l'ont jamais été. Ce qui est moins évident, par contre, ce sont les raisons qui expliquent la contradiction entre notre désir proclamé de changement et notre apparente incapacité à passer de la parole aux actes. En vérité, il sera tout simplement impossible d'apporter des changements réels dans notre vie tant et aussi longtemps que nous demeurerons convaincus que ce qui doit changer, c'est l'une des choses suivantes :

1. la personne avec qui nous vivons ;
2. l'ensemble des personnes mal informées qui nous entourent et qui « ne comprennent toujours pas » ;

3. les conditions que nous ne croyons pas être en mesure de changer;

4. la douleur ou les regrets du passé qui ne cessent de nous tirer vers le bas;

5. l'ensemble des réponses précédentes, ou une réponse similaire.

Connaissez-vous une seule personne (vous y compris) qui ne s'est pas battue pour changer les choses posant problème dans sa vie… pour finir par réaliser qu'au bout du compte rien n'avait vraiment changé, si ce n'était le niveau de frustration qu'elle éprouvait? Pourtant, aussi étrange que cela puisse paraître pour le moment, *c'est précisément cette prise de conscience* (celle d'avoir échoué dans nos efforts pour nous libérer) qui nous permet d'aller plus loin sur notre route vers la véritable indépendance. Plusieurs bonnes raisons expliquent la nécessité de faire face à notre déception avant de pouvoir connaître la vraie liberté, mais la plus importante est la suivante:

C'est seulement en prenant conscience de l'inefficacité de nos actions passées (et de notre niveau de compréhension présente, qui produit les mêmes résultats) que nous pouvons enfin briser les limites inhérentes à ce que nous sommes et à ce que nous avons fait jusqu'à présent.

Une fois que nous aurons vu (et *su* directement) qu'il est futile de vouloir changer les autres et de détester nos propres faiblesses; une fois que nous aurons compris que rager contre un monde qui vacille sans cesse est inutile, alors seulement nous pourrons voir une vérité toute simple rayonner dans l'obscurité, tel le faisceau d'un phare au milieu de la nuit la plus sombre: il n'y a rien, en nous ou autour de nous, qui pourra être transformé avant que nous ne comprenions, sans équivoque, que *nous sommes le monde qui doit changer.*

Si vous avez déjà tiré cette conclusion importante, ou si vous commencez à soupçonner qu'elle peut être vraie, alors les révélations qui suivent vous rappelleront l'esprit d'une réunion avec de vieux amis qui vous sont chers.

La liberté est votre destinée

Un jour, alors que j'étais assis dans ma maison, j'ai pris conscience d'un bourdonnement irritant. J'ai rapidement réalisé qu'une mouche était restée emprisonnée à l'intérieur, et qu'elle essayait désespérément de s'enfuir. La pauvre créature se frappait constamment contre la fenêtre, secouant sa petite tête de mouche avant de buter de nouveau contre sa prison de verre. Elle continua à heurter la fenêtre jusqu'à ce qu'il me soit impossible d'ignorer la situation plus longtemps.

Tandis que j'observais le déroulement de cette lutte inutile (entre la volonté de la mouche et l'inflexibilité de la fenêtre, qu'elle ne pouvait ni briser ni comprendre), j'ai réalisé que cet événement quotidien et fréquent renfermait une sorte de message céleste ; il était porteur d'une leçon sur la nature secrète de la codépendance. Analysons-le ensemble.

D'abord, nous devons nous demander pourquoi cette mouche intrépide se frappait contre la fenêtre. De toute évidence, le chétif insecte voulait aller à l'extérieur. Mais pourquoi une mouche voudrait-elle sortir ?

Cela peut sembler un peu bête (dans un premier temps), mais même une mouche a une destinée. Comme nous, qui cherchons la complétude, la mouche est poussée à rechercher ce qui est essentiel pour elle. À quelles fins ? Elle veut simplement accomplir ce pour quoi elle est en vie. Il est très important, à ce moment, que nous comprenions bien que cette mouche n'a pas créé le sens de son existence elle-même ; nous ne pouvons séparer la raison d'exister d'un animal de sa nature profonde. La mouche ne peut pas davantage échapper à sa volonté d'être libre qu'elle ne peut espérer voler sans ses ailes. Ce qui nous mène à la prise de conscience suivante.

La seule façon par laquelle une créature (du plus petit insecte à l'être humain) peut accomplir ce pour quoi elle est en vie, c'est *en étant libre de pouvoir le faire*. Toutes les créatures aspirent à cette liberté; il s'agit d'un désir incontrôlable qui n'est rien d'autre que l'expression de leur raison de vivre.

Vous et moi ressentons le même besoin. Chaque battement de cœur qui résonne dans notre poitrine fait écho à ce besoin de liberté; pourtant, une réalité incontournable semble aller à l'encontre de ce désir: il ne se passe pas une journée sans que nous nous heurtions la tête la première contre une barrière invisible qui semble nous séparer de l'accomplissement de notre destinée.

Or, même si, tant de fois déjà, nous avons buté de façon insensée contre les carreaux invisibles que la vie met sur notre chemin (à tel point qu'il nous arrive parfois de ne plus savoir exactement pourquoi nous continuons d'essayer), cet appel viscéral de la « liberté » continue de se faire entendre. Puis quelque chose nous tend la main et nous aide à nous relever pour combattre une fois de plus le sentiment de captivité que nous éprouvons. Il semblerait qu'une partie de nous essaie, intuitivement, de nous faire comprendre le message suivant: la seule façon dont nous pouvons accomplir notre destinée, c'est en étant libre de le faire. D'ailleurs, *nous sommes libres*. Nous ne le savons simplement pas... encore! Réfléchissez maintenant à l'idée suivante jusqu'à ce que vous puissiez voir la vérité libératrice qui la sous-tend:

Il n'y a rien au monde qui puisse vous empêcher d'accomplir la destinée qui a été insufflée en vous par le Créateur lui-même.

Cela signifie qu'une seule chose peut (temporairement) nous barrer la route: une complicité invisible avec des parties inconscientes de notre être qui continuent de nous berner et de nous duper pour nous faire croire que nous avons besoin de quelque chose d'extérieur pour nous libérer! Si le magicien d'Oz peut faire trembler Dorothy et ses amis (afin que la peur qu'ils ressentent les rende de plus en plus dépendants des faux pouvoirs qu'il prétend avoir), il en va de même pour notre nature profonde : elle aussi a un millier de tours dans son sac. Dans un premier temps, elle parvient à nous convaincre que nous sommes en état de captivité, pour ensuite nous promettre qu'elle dispose de ce dont nous avons besoin pour en sortir. Or, nous n'avons aucun besoin de craindre cet escroc intérieur ; après tout, qui peut être encore impressionné par un prestidigitateur après avoir compris comment fonctionnaient ses illusions ? Dès que nous constatons qu'en réalité rien ne nous sépare de la liberté que nous recherchons, les « carreaux de fenêtre » qui nous ont bloqué la route jusque-là disparaissent.

Mettre un terme à la codépendance

Avant de nous embarquer dans la prochaine étape de notre voyage, qui nous mènera à vaincre la dépendance (quel que soit le visage qu'elle puisse prendre), étudions brièvement la signification du mot « codépendance ».

De manière générale, la codépendance peut être définie comme ceci : toute forme de relation inconsciente entre nous et autrui qui est, d'une façon ou d'une autre, néfaste, limitative et, au bout du compte, nuisible. Ce comportement négatif englobe également les différentes façons dont nous encourageons inconsciemment les comportements autodestructeurs chez les autres.

Cela étant dit, nous devons également reconnaître qu'il existe des formes de « codépendances positives », qui peuvent par exemple se présenter comme des symbioses mutuellement bénéfiques. La relation qui existe dans la nature entre les fleurs et les abeilles, qui est bénéfique pour les deux parties concernées, en est un bon exemple.

Un homme et une femme peuvent également entretenir des relations de codépendance positive entre eux, mais seulement s'ils font tous deux des efforts conscients pour s'empêcher de vivre une dépendance néfaste l'un envers l'autre. En fait, une codépendance très belle et naturelle est censée apparaître entre des opposés comme un homme et une femme. Cela peut se produire à tout moment où il y a un échange naturel d'énergies, que ce soit au moment de la conception ou de l'éveil à la conscience. Dans cet exemple, nous pouvons voir comment la codépendance peut servir à développer les capacités individuelles. Cela est bon, dans tous les sens du mot.

C'est plutôt la « codépendance négative » que nous cherchons à comprendre : cette relation mutuellement destructrice dans laquelle chacune des parties concernées tolère (ou renforce) certaines caractéristiques de l'autre personne qui détruisent ou limitent profondément ses possibilités d'épanouissement.

Nous devrions tous connaître assez bien les différents visages que peut prendre la codépendance. L'un des exemples que nous connaissons tous est celui de la femme qui s'accroche à une relation abusive avec un homme. À la fin, sa peur d'être seule (ou de ne pas savoir ce qu'elle serait en dehors de cette relation d'amour-haine) permet à cette relation néfaste de grandir jusqu'à ce qu'elle finisse par miner les deux personnes qui continuent de l'entretenir.

Il se peut que vous connaissiez un homme qui cautionne son meilleur ami alcoolique en ne lui parlant jamais de ses problèmes, évitant de lui dire quelque chose comme : « Ton comportement nous détruit tous les deux ; soit tu prends des *mesures réelles* pour t'en sortir, soit tu ne me laisses d'autre choix que d'arrêter de te voir, même si je tiens énormément à toi. »

La codépendance peut prendre bien d'autres formes, dont plusieurs demeurent invisibles, puisqu'elles ont tendance à être plus intériorisées ; elles sont beaucoup plus subtiles, mais tout aussi funestes et destructives.

Imaginez un instant deux amis qui vont dans un bar pour prendre quelques verres. Chacun fera tout son possible pour montrer à l'autre que tout va pour le mieux dans le meilleur des mondes. Tout le monde a déjà vécu une pareille situation dans sa vie.

Entre deux verres, chacun joue le jeu en disant à son vis-à-vis que, pour lui, « tout est parfait ! ». Or, si nous étions capables de lire entre les lignes et de voir au-delà du petit jeu qu'ils mettent en scène, nous comprendrions ce qui *n'est pas* dit, mais qui est on ne peut plus clairement suggéré :

« Je vais faire semblant que tout va bien dans ma vie et, quand tu commenceras à parler à ton tour, je confirmerai volontiers que tout va bien dans la tienne aussi. De cette façon (si tu fais semblant de croire tout ce que je dis et que je te rends la pareille), alors pour la prochaine heure à tout le moins, en buvant quelques verres, *nous pourrons compter l'un sur l'autre* pour nous sentir bien dans notre peau et dans notre vie. »

Pouvez-vous voir la relation de codépendance subtile qui se produit dans cette scène du quotidien ? Alors même qu'un des protagonistes dupe son ami, il se laisse duper par celui-ci à son tour. Cette entente tacite permet aux deux amis d'accréditer la partie d'eux-mêmes qui croit que *l'apparence du bonheur* est la même chose que le véritable bonheur.

Le même type de situation se produit lorsque deux femmes (de vieilles amies) dînent ensemble en se plaignant de tout ce qui les déçoit ou les choque dans leur vie. Quelle est la nature du pacte douloureux auquel ces deux personnes consentent, dans ce cas? En quoi sont-elles codépendantes? Voici les mensonges qui se cachent sous la dépendance inconsciente et inexprimée qu'elles entretiennent l'une envers l'autre:

« C'est bon, tu peux décharger toutes tes idées noires sur moi, pourvu que tu sois d'accord pour que je puisse à mon tour déverser tout mon mécontentement sur toi lorsque tu auras terminé. »

Le sentiment de réconfort que ces femmes éprouvent en échangeant leurs peines ainsi est pourtant la source de bien d'autres tourments, puisqu'il les maintient captives des limites mêmes dont elles se plaignent. Que sont donc ces limites auto-imposées et invisibles?

Chacune des amies a tacitement accepté de croire que les raisons du malheur évoqué par l'autre *reposent sur des faits.* Cette tromperie mutuelle a plusieurs conséquences importantes, qui vont au-delà de ce que l'on pourrait concevoir d'emblée.

Dès que nous nous laissons prendre par la douleur (et que nous commençons à nous en plaindre et à pleurer sur notre sort), nous croyons, inconsciemment, que ce que nous disons aux autres comme à nous-mêmes est basé sur la réalité elle-même. Dans ces moments, les opinions que nous exprimons (selon lesquelles nous sommes inévitablement en danger, ou incomplets) se voient renforcées par le regard d'autrui sur nous et par le message tacite qu'il nous envoie: « Oh oui, pauvre toi! »

Or, si nous voulons nous libérer de cet état de codépendance, il nous faudra faire un effort délibéré pour mettre fin au jeu d'apparence auquel nous nous prêtons, en choisissant de voir que les choses qui se produisent ne sont que le résultat de nos actions.

Par exemple, nous devrons comprendre que lorsque nous acceptons de recevoir ou de soutenir la vision sombre qu'une personne a de sa vie, nous lui disons essentiellement: «Oui, c'est vrai et, d'ailleurs, qu'est-ce que tu pourrais faire à ce propos, à part de t'en plaindre comme tu le fais?» Nos actions et nos sentiments cachent un message subtil qui dit: «Bien entendu... compte tenu des circonstances actuelles, je vois bien dans quelle prison tu te retrouves enfermé; c'est tout naturel que tu te sentes comme un prisonnier, alors!»

Ce n'est pas une sollicitude ou une compassion *si* sincère qui nous pousse réellement à prêter une oreille attentive aux autres (qui *dépendent* de la considération que nous accordons à leur histoire), dans ces situations. Pour tout dire, la motivation profonde qui sous-tend nos actions (si nous avons le courage de l'analyser froidement) nous dit tout autre chose.

Nous habilitons les autres *parce que nous avons peur de la réaction négative qu'ils pourraient avoir si nous ne nous montrions pas d'accord avec la vision qu'ils ont de leur triste histoire.* Implicitement, sans que cela soit dit dans quelque conversation que ce soit entre deux codépendants qui s'ignorent, c'est le message suivant qui est communiqué:

«Regarde, ce que je te dis en ce moment est vrai, alors peu importe ce que tu choisis de faire, ne remets pas en question la vision que j'ai de ma propre vie. Si tu n'es pas d'accord avec mes conclusions, je considérerai ta désobéissance comme une menace, et j'agirai envers toi en conséquence.»

N'avons-nous pas tous déjà vécu de pareils moments inconfortables, dans un rôle ou dans l'autre? Bien sûr que si, et c'est ce qui nous permet de mettre la table pour la leçon importante qui suit:

Le moi qui se sent en danger dans ce genre de situations (ce moi peu assuré qui non seulement recherche des relations de codépendance, mais qui s'y accroche) ne peut en aucun cas être notre vrai moi.

Étudions la situation un peu plus pour comprendre pourquoi cette affirmation est vraie.

Ce que vous êtes réellement, votre vrai moi, sait que vous êtes ici sur cette terre pour grandir et réaliser vos possibilités les plus élevées, grâce aux innombrables leçons que la vie vous offre. Nous ressentons tous cette impulsion qui nous pousse constamment à chercher la vérité sur ce que nous sommes réellement ; il s'agit d'un désir insatiable de connaître ce qui se cache de grand en nous et qui n'est jamais bien loin, même s'il nous est souvent impossible de le voir. Puisque l'existence de cette élévation de soi est universelle et qu'elle a de tout temps été reconnue comme étant vraie, alors il en découle la conclusion logique suivante : *la vie n'est pas (et ne peut pas être) axée sur l'acceptation de limites que l'on se fixe à soi-même.*

À la lumière de cette nouvelle découverte, peut-être pouvons-nous voir comment les différentes pièces du puzzle commencent à s'assembler. Les trois éléments suivants devraient nous aider à y voir plus clair :

1. Nous avons déjà compris (grâce à notre réflexion précédente) que notre désir de liberté correspond au désir de notre Créateur de nous voir accomplir la destinée qu'il a insufflée en nous.
2. Nous avons également vu que la vérité que le Créateur souhaite nous communiquer ne nous est accessible que par l'accomplissement de cette même destinée.
3. Ce qui signifie que la bonté de l'univers entier nous sera accessible si nous nous ouvrons aux vérités qui se présentent à nous.

Nos chances sont plutôt bonnes, n'est-ce pas ? Maintenant, pour nous assurer que nous voyons la « perspective générale », ajoutons trois idées maîtresses qui résument ce que nous avons découvert jusqu'ici :

1. Toute chose qui agit en vous (quelle que soit la façon dont vous choisissez de l'appeler) pour justifier ou « expliquer » les raisons pour lesquelles vous souffrez ou éprouvez des sentiments de haine va directement à l'encontre de votre volonté d'indépendance et de liberté.

2. Toute partie de vous qui a « de bonnes raisons » pour expliquer pourquoi vous devriez vous sentir mal n'est pas bonne pour vous, et ne veut non plus rien de bon pour vous, quelles que soient ses promesses !

3. Le moi qui est responsable de la création et du maintien de toute relation de codépendance *n'a aucune force en lui-même*; s'il gagne sa bataille contre vous, c'est parce qu'il réussit à vous tromper en vous faisant croire que la seule solution à votre faiblesse réside dans les pouvoirs qu'il promet de vous offrir… une fois qu'ils seront nécessaires !

Spirituellement parlant, c'est un peu comme si vous aviez la chance de tomber sur une dépanneuse juste après avoir eu un accident d'automobile… sans savoir que cet accident a justement été causé par le conducteur de la dépanneuse, qui a coupé votre conduite de frein une heure auparavant ! Vous connaissez le vieil adage : « Tu m'y prends une fois, tu es une fripouille ; tu m'y prends deux fois, je suis une andouille. » Cela explique pourquoi, à travers les âges, les saints et les sages ont toujours prescrit la même cure pour quiconque cherche à s'extirper de ce qui ressemble à un cauchemar récurrent. « Réveillez-vous ! disent-ils à l'unisson. Vous êtes endormi et en train de vivre un rêve qui n'est pas le vôtre. »

La souffrance qui découle de toute relation de codépendance est attribuable à une seule chose : *nous avons oublié qui nous sommes réellement*. Pourquoi, autrement, cherchons-nous si anxieusement à obtenir l'approbation d'autrui pour mesurer notre propre valeur ? Pourquoi sommes-nous si facilement perturbés lorsqu'une personne refuse de nous sourire ? Lorsque nous ne savons pas qui nous sommes, nous cherchons à l'apprendre de tout le monde… et de n'importe qui. De fait, sans même en avoir conscience, nous sommes alors définis par le regard d'autrui et devenons prisonniers du consentement tacite que nous accordons à cette image de nous.

Nous avons maintenant découvert la cause principale de toute codépendance, quelle que soit la forme qu'elle puisse prendre : *notre vrai moi dort*. Cela ne nous laisse que deux choix, si nous désirons rompre nos liens avec la dépendance : soit nous effectuons le travail intérieur qui est nécessaire pour nous éveiller et nous souvenir de qui nous sommes réellement (en cherchant à retrouver notre indépendance naturelle), soit nous continuons à créer et à entretenir des relations factices qui nous maintiennent captifs contre notre gré.

Laissez-moi vous raconter la version abrégée (mais mise à jour) d'une histoire que j'ai écrite dans l'un de mes précédents ouvrages, *Lâcher prise*, et qui va nous donner la connaissance, les idées et les encouragements dont nous aurons besoin pour poursuivre. Sa fin étonnante offre un éclairage intéressant sur ce que nous devons voir (et commencer à faire) pour nous libérer de toute forme de codépendance douloureuse.

Le navire qui s'est éveillé pour revenir à bon port

Durant la Deuxième Guerre mondiale, un navire de la marine marchande qui voguait quelque part au large des côtes africaines fut torpillé par un tir ennemi. L'un des marins parvint à nager jusqu'au rivage, où il se retrouva en territoire occupé. Il savait qu'il devait à tout prix quitter ce nid de vipères pour rentrer chez lui.

Ce marin, le héros de notre histoire, se cacha dans un petit port de pêche où, un jour, en fin d'après-midi, un bateau pétrolier ennemi se glissa pour se ravitailler en carburant. Après un examen rapide de la situation, notre homme comprit que c'était probablement la chance qu'il attendait : ce navire partait pour un port lointain où il pourrait contacter des amis qui œuvraient dans la résistance. Convaincu qu'il serait beaucoup plus sûr pour lui de s'embarquer pour ce port neutre que de rester derrière les lignes ennemies, le marin se faufila à bord une fois la nuit tombée. Il y trouva ce qui lui semblait être une bonne cachette dans l'un des canots de sauvetage recouvert d'une housse de toile.

Plus tard dans la nuit, le pétrolier prit la mer, mais fut bientôt intercepté par un bateau ennemi. Notre héros jeta un œil hors de sa cachette pour voir le drapeau de son pays flotter fièrement en haut du mât du cuirassé qui abordait le pétrolier.

Quelques instants plus tard, il entendit le tonnerre des canons du cuirassé résonner dans la nuit, alors que celui-ci attaquait le navire sur lequel il se trouvait. Un obus éclata et le pont où il était caché fut complètement détruit. Ne sachant trop que faire ni où aller, le marin dévala quatre à quatre les marches d'un escalier, cherchant refuge à l'étage inférieur. En lieu et place d'un autre étage, il se retrouva les pieds plongés dans l'eau glacée, ce qui signifiait que le navire était sur le point de couler !

Au même moment, le pétrolier fut frappé par une nouvelle volée d'obus ; ses lumières clignotèrent, puis s'éteignirent. Partout autour du marin, des gens criaient dans une langue étrangère ; alors que la panique s'emparait de lui, il se mit à l'abri dans la première cabine qu'il vit.

Soudainement, une autre grosse explosion secoua le pétrolier et envoya le passager clandestin valdinguer dans la cabine. Sa tête heurta le bord d'un lit superposé en métal et il tomba sans connaissance.

Quelques instants plus tard, alors qu'il reprenait lentement ses esprits, il vit des lumières d'urgence rouges clignoter, entendit des sirènes retentir dans l'obscurité de la nuit et sentit une fumée épaisse emplir les couloirs du bateau.

Notre héros ne savait plus où il se trouvait ni ce qui venait de se passer. Il ne se souvenait plus de rien : un brouillard épais s'était emparé de son esprit. Essayant de faire le point sur sa situation au meilleur de ses capacités, compte tenu de son amnésie temporaire, la première chose qu'il réalisa, c'est que ses vêtements étaient mouillés et glacés. « Vaudrait mieux enfiler quelque chose de plus sec », lui indiqua l'une de ses pensées les plus claires. « Oui, ça semble être la chose à faire », se répondit-il.

Il ouvrit le placard de la cabine obscure et sortit les premiers habits qu'il trouva accrochés sur un cintre. Il s'habilla rapidement, remarquant au passage que ces vêtements lui allaient comme un gant. Pendant ce temps, tout autour de lui résonnaient des cris enjoignant à l'équipage de quitter le navire, dans un crescendo de plus en plus pressant.

Soudain, la génératrice d'urgence se mit en marche et les lumières de la cabine se rallumèrent. Instinctivement, le marin se retourna pour se regarder dans le miroir accroché au mur. C'est alors qu'il réalisa qu'il avait revêtu l'uniforme du capitaine ! Tandis qu'il admirait son élégance, dans ce costume bien taillé, il oublia complètement la situation désespérée dans laquelle il se trouvait. Cependant, la réalité eut tôt fait de le rattraper (en partie à cause de l'image même qu'il avait admirée un moment plus tôt). Une vague d'anxiété l'envahit, emportant au passage tout sentiment de fierté qu'il avait pu ressentir à la vue de son costume de capitaine.

« Oh non ! » se dit-il en secouant la tête pour essayer de remettre de l'ordre dans son esprit. Malgré tous ses efforts, une pensée tenace continuait de se frayer un chemin jusqu'à sa conscience. Son cœur se serra lorsqu'il comprit ce qu'impliquait cette prise de conscience nouvelle :

« Je dois être le capitaine de ce bateau, ce qui signifie que… *j'ai fait le serment de couler avec lui !* »

Heureusement, alors qu'il continuait de se regarder dans le miroir, son amnésie commença à se dissiper. Quelques instants plus tard, l'ensemble de la situation lui revint dans un éclair. Il se rappela sa véritable identité. Quel soulagement ! Il n'était pas le capitaine de ce vaisseau condamné, finalement ! Riant à voix haute de sa propre folie, il pensa : « Je dois remercier le ciel de n'être pas le capitaine de ce bateau. »

Maintenant qu'il avait retrouvé la mémoire, il joignit l'action à la pensée. Rassemblant ses forces, il remonta les escaliers jusqu'au pont, puis plongea dans les eaux glaciales de l'Atlantique. Quelques instants plus tard, il était repêché par ses compatriotes. En moins de temps qu'il n'en fallait pour le demander, il reprenait la route qui le menait à la maison.

Reconnaître sa véritable identité pour se libérer

Le sauvetage de l'homme qui avait oublié sa véritable identité nous donne un aperçu d'un point tournant fondamental pour la suite des choses : l'apparition d'une nouvelle possibilité dans nos efforts pour nous libérer. Dans notre histoire, ce moment se produit lorsque notre héros reprend conscience de sa véritable identité et réalise (avec joie) qu'il n'est pas le capitaine du bateau et qu'il n'aura pas à sombrer avec lui ! À présent, voyons voir si nous pouvons appliquer cette même idée salvatrice aux endroits de notre vie où nous croyons qu'une relation de codépendance insoupçonnée pourrait nous tirer vers le bas.

Qu'en est-il de ces relations dans lesquelles nous choisissons de demeurer avec un partenaire abusif, de continuer à perpétuer une habitude compulsive ou de justifier, d'une manière ou d'une autre, notre toxicomanie ? Dans de pareils cas, comme dans toutes les relations de codépendance, il se peut que nous agissions ainsi parce que quelqu'un nous a dit que c'est ce que font les « bons capitaines » : ils subissent le même sort que celui de leur navire, quelles que soient les conséquences que cela peut avoir sur leur âme. Eh bien, voici les choses telles qu'elles sont. Prenez le temps d'accueillir cette vérité, puisqu'elle a le pouvoir de rompre les chaînes de toutes les relations de codépendance qui soient... même si vous avez cru le contraire pendant des années.

Cette horrible sensation de solitude, ce sentiment redouté d'insuffisance, ces pensées inquiètes et angoissées... rien de tout cela, *aucune de ces émotions ne représente* <u>votre</u> *navire* ! Oui, ces sentiments sont réels, mais les raisons qui les sous-tendent sont mensongères. Seule une forme d'amnésie similaire à celle qui a presque coûté la vie au marin de notre histoire pourrait expliquer que l'on accepte d'être défini par de pareilles idées sombres. Vivre dans un tel état de sommeil spirituel revient un peu à s'identifier inconsciemment à « l'uniforme » que l'on porte à tel ou tel moment de sa vie. Il pourra par exemple s'agir de l'uniforme de :

1. la personne qui est une victime perpétuelle ;
2. la personne qui est incapable de s'en sortir ;
3. la personne qui est trop faible pour quitter ce qui l'accable ;
4. la personne qui demeure dans un endroit qui lui est de toute évidence nuisible parce qu'elle a peur de se retrouver dans un endroit encore pire.

Peut-être pouvez-vous ajouter quelques autres identités factices à cette liste, mais voici malgré tout la conclusion qui s'impose : dans toutes les relations de codépendance que nous pouvons vivre, nous portons un « uniforme » qui correspond au rôle que nous nous donnons. Chacune des fausses identités que nous choisissons de prendre s'accompagne d'un faux sentiment de responsabilité auquel nous devons nous plier, même si nous savons qu'il nous mènera au bout du compte à l'autodestruction.

Ces rôles familiers, mais complètement inconscients, que nous jouons (et qui naissent des images fausses qui se forment en nous avec le temps) finissent même par avoir le dessus sur le sens commun. Notre intelligence réelle est alors enfouie sous une séduisante impression qui glorifie notre propre importance... une impression qui est induite en nous par l'identification inconsciente à une personnalité qui n'est pas la nôtre. Une fois que nous nous laissons berner de la sorte, notre histoire (tout comme sa conclusion inévitable) est toute écrite pour nous. Nous devons alors vivre avec la seule conclusion qui s'impose : « Je suis le capitaine, et je dois me comporter comme tel », qu'importe si cela implique que nous devons couler avec le navire !

Nous devons agir comme l'a fait le héros de notre histoire : il s'est échappé d'un mauvais rêve qui avait été causé par un coup à la tête et a pu retrouver sa vraie identité, son vrai moi. Pour nous, cela signifie (d'entrée de jeu à tout le moins) que nous devons nous efforcer de prendre conscience de la relation somme toute consensuelle qui met en péril nos intérêts supérieurs.

Si nous devons bien sûr accepter de voir que nous entretenons une relation destructrice avec quelqu'un ou que nous sommes pris dans le cercle vicieux de la toxicomanie, nous devrons avant tout comprendre que nous nous plions aux volontés des autres parce que nous avons peur de ce qu'ils pourraient penser de nous (ou parce que nous nous plongeons dans une forme de désespoir quotidien en nous comparant sans cesse à des personnes qui nous semblent plus heureuses ou accomplies que nous).

La nouvelle compréhension, plus éclairée, dont nous avons besoin pour passer de notre état présent de dépendance à celui d'indépendance est inséparable de la prise de conscience de notre vrai moi. Ce n'est qu'une fois que nous serons en sa présence et que nous vivrons en accord avec sa volonté que nous aurons la force de voir la vérité suivante, de nous en souvenir et d'agir en conséquence : *toute partie de nous* qui accepte un état nuisible comme inévitable *en est également la cause...* ce qui signifie qu'elle n'est pas le protecteur ou « l'ami dans le besoin » qu'elle prétend être ! Cette compréhension nous permettra de voir « l'ennemi intérieur » qui se cache en nous et que nous devrons abandonner une fois pour toutes.

Cela pourrait être difficile dans un premier temps, mais le fait de voir que rien ne s'interpose *réellement* entre vous et votre volonté d'être libre constitue la première étape qui vous permettra de regagner l'indépendance à laquelle vous aspirez. Les parties de vous qui « croient » que vous n'êtes pas assez bon ou que vous êtes incapable d'apporter des changements significatifs à votre vie sont les mêmes qui vous poussent à chercher des solutions aux souffrances qu'elles provoquent elles-mêmes. Il est temps de cesser de croire aux chimères qui, d'une part, vous disent que vous n'avez d'autre choix que de vivre enfermé dans la cage de la codépendance qu'elles ont créée de toutes pièces, tout en vous indiquant, d'autre part, un « moment » où les conditions seront en place pour que vous puissiez *enfin* vous en libérer.

Utiliser la connaissance de soi pour vaincre le désir

Alors que leur limousine se garait devant les grandes colonnes de l'Institut pour une meilleure planète, Paul regarda le visage de son meilleur ami, Bret, pour essayer de savoir comment il pouvait se sentir. Après tout, ce n'était pas tous les jours que quelqu'un remportait le célèbre Prix humanitaire de l'Institut et recevait les éloges des douzaines de dignitaires qui s'étaient réunis pour l'occasion. Or, si Bret était excité, il le cachait bien ; en fait, il semblait calme et serein, comme s'il était parfaitement à l'aise avec toutes ces célébrations qui étaient organisées en son honneur.

Paul était fier de partager ce moment avec Bret et il ne pouvait s'empêcher de sourire en pensant à la bonne fortune de son ami. Aussitôt sortis de la limousine, les deux hommes furent accueillis par les flashs de centaines d'appareils photo et les applaudissements polis de personnes qui, visiblement, avaient attendu leur arrivée. Un instant plus tard, un membre du personnel de l'Institut vint à leur rencontre pour les sortir de cette foule et les guider jusqu'au grand hall, où la plupart des invités les attendaient déjà.

Paul n'avait jamais rien vu de tel : des rangées et des rangées de tables de buffet s'étalaient devant lui, remplies de magnifiques sculptures de glace disposées de part et d'autre de montagnes de crevettes géantes et de queues de homard. Les pyramides de verres de champagne côtoyaient les monticules de pattes de crabe royal, les plateaux remplis des viandes les plus délicates et des fromages les plus fins, le tout accompagné des plus colorés et fantastiques arrangements de fruits exotiques et de légumes frais qu'il ait jamais vus. Paul était troublé par l'abondance de nourriture et de boissons qui se présentait à lui ; pour tout dire, il était choqué de voir un pareil étalage d'opulence dans les circonstances. Il songea qu'il y avait sûrement de meilleures façons de dépenser les précieux fonds qui avaient été donnés à l'Institut, mais que pouvait-il dire à ce moment sans risquer de gâcher la soirée?

Mettant de côté ces pensées, Paul se tourna pour voir comment son ami Bret s'en sortait. Il s'attendait à voir un immense sourire orner son visage, mais il n'en était rien; en fait, il fut surpris de constater que Bret regardait d'un air furieux le milieu de table qui représentait une véritable corne d'abondance de légumes frais et de trempettes onctueuses. Son état négatif était presque palpable; quelque chose le préoccupait au plus haut point. «Mais qu'est-ce qu'il a?» se demanda Paul. Il se glissa aussi près de son ami qu'il le pouvait pour pouvoir lui parler sans que personne entende:

«Eh, réveille-toi, mon pote! lui dit-il d'un ton amical, mais pressant. Qu'est-ce qui se passe? Toute cette cérémonie est en *ton* honneur, et tu as l'air d'un gamin à qui l'on vient de voler son bas de Noël!»

Bret se tourna et dévisagea Paul un instant, avant de répondre: «Non, mais t'arrives à croire ça? Bon Dieu, mais *regarde* ce qu'ils ont fait...» Il jeta alors un regard dégoûté vers le milieu de table, devant eux. «Mais qu'est-ce qui cloche avec ces gens? À quoi ont-ils pu penser?»

Paul constatait bien que Bret parlait de quelque chose qui se trouvait sur la table, mais il n'y comprenait rien du tout. Il reformula donc sa question: «Mais qu'est-ce qui peut te contrarier au point de gâcher une soirée si parfaite?» Il ne reçut cependant aucune réponse et dut se contenter du silence glacial de Bret, qui continuait de fixer quelque chose sur la table.

«Bret! dit Paul. Je *te* parle, mon vieux. Qu'est-ce qui se passe? Dis-moi ce qui t'embête et je ferai tout mon possible pour arranger les choses.»

Bret se tourna lentement vers son ami et, en levant le bras, pointa l'index vers le milieu de table. Il s'agissait d'une maquette de la Terre composée entièrement de légumes frais, et sur laquelle on pouvait voir un cœur rouge vif fait de tomates cerises.

« Regarde un peu ce qu'ils ont fait ! fulmina Bret. Non mais, regarde-moi ça ; tu sais bien ce qui ne va pas… *voilà* ce qui ne va pas ! »

Paul tendit le cou d'un côté et de l'autre, essayant de voir ce à quoi Bret pouvait bien faire allusion, mais il ne voyait rien d'autre qu'un magnifique arrangement de légumes frais. « Mais enfin, je ne vois rien, Bret, dit Paul. Qu'est-ce que tu vois qui m'échappe ? »

Bret continua à rager, comme si son discours était parfaitement normal : « *Tout le monde* sait que je déteste les tomates cerises, et pourtant…, commença-t-il, en montrant le cœur rouge, *il doit bien y en avoir des milliers, juste là, au centre de la table !* La soirée est gâchée, complètement gâchée… »

Pour plusieurs d'entre nous, une telle histoire paraît peu plausible. En surface, il faut admettre que cela n'a aucun sens. Après tout, comment quelqu'un pourrait-il recevoir autant de bonnes choses et, au lieu de s'en montrer reconnaissant, adopter une attitude si négative à l'égard d'un élément insignifiant parmi elles ? En examinant la situation de plus près et en évaluant les ressorts de la personnalité qui rendent une pareille réaction possible, nous pouvons constater que nous avons plus en commun avec Bret que nous ne le croyions initialement.

Nous n'avons peut-être jamais eu la chance d'assister à une célébration grandiose organisée en notre honneur, mais nous avons sûrement connu des moments qui devaient être « parfaits » dans notre vie. Qui ne s'est jamais retrouvé au milieu de vacances de rêve, sans se soucier de quoi que ce soit, lorsque soudain… boum ! malgré l'abondance qui nous entoure, nous sentons un sentiment négatif nous envahir et nous sommes complètement bouleversés parce que quelque chose ou quelqu'un n'a pas été à la hauteur de nos attentes !

Et que dire de ces moments où le simple regard désapprobateur d'un inconnu peut anéantir notre estime de soi, sans égard au fait que plusieurs de nos amis nous tiennent en haute estime ? En l'espace de quelques secondes, notre confiance s'effondre et nous nous sentons seuls, mal aimés et dépourvus de toute valeur.

Aussi difficile et étonnant que cela puisse paraître, les expériences mentionnées précédemment rendent l'affirmation suivante irréfutable : il existe en nous un certain niveau de désir inconscient qui aime... ne pas désirer. Ce désir sert à une seule chose : il ne « vit » que pour résister à tout ce qui ne correspond pas à ses attentes. Pourquoi quiconque voudrait-il vivre avec un pareil sentiment ? Parce que ce que notre sombre nature préfère par-dessus tout, c'est *être négative* !

En vérité, la plupart d'entre nous ne connaissons que bien peu de choses sur ce côté sombre du désir, parce que, chaque fois qu'il s'élève pour rejeter quelque chose, nous sommes intérieurement poussés à regarder ce sur quoi <u>il</u> met le blâme pour notre douleur. En nous manipulant ainsi, il veille à ce que nous ne prenions pas conscience que c'est ce désir qui, en soi, est la source du mécontentement que nous ressentons. Comparons cela à l'aspect plus familier et « amical » du désir que nous connaissons et acceptons tous : ce dernier « vit » pour *désirer*. Il s'agit d'un sentiment que nous connaissons tous plutôt bien et dont nous connaissons aussi les mécanismes. Nous savons entre autres qu'il sera momentanément heureux dès lors qu'il recevra quelque chose qu'il « aime », mais ce désir cherchera aussitôt autour de lui pour voir ce qu'il voudra « par la suite ». Nous acceptons et adulons même parfois cette facette de notre personnalité, qui n'existe que pour poursuivre et posséder ce qui, selon elle, pourra nous faire sentir complet et heureux. Après tout, il apparaît plutôt inoffensif de vouloir ce que nous voulons et de nous abandonner librement à ce côté agréable du désir. Or, en considérant l'ensemble des éléments mentionnés précédemment, nous réalisons ce que trop peu de personnes ont eu l'occasion de comprendre encore.

Le désir est une « médaille » à deux côtés. L'un de ces côtés nous est familier et nous l'acceptons volontiers ; nous apprécions sa présence parce que les plaisirs qu'il nous promet nous plaisent bien. Cependant, il existe un revers à cette médaille : son côté obscur, celui de la face cachée du désir… de son jumeau terrible. Ce dernier, étant l'opposé de celui que nous connaissons bien, ne vit que pour *résister*. Sa nature, qui est l'essence même du déni, cache sa présence malveillante en nous en parlant d'une voix semblable à la nôtre. Il nous dit pourquoi nous nous sentons insatisfaits et nous murmure du même souffle les raisons pour lesquelles nous devons en souffrir.

Résumons ces quelques découvertes pour mieux saisir la portée de ce qu'elles nous révèlent, même si elles pourraient nous apprendre quelque chose qui sera, dans un premier temps, déconcertant. Il nous est impossible de nous identifier au plaisir de vouloir quelque chose sans connaître au même moment la souffrance de *ne pas vouloir* tout ce qui pourrait s'immiscer entre ce désir et sa réalisation. En d'autres termes, le côté positif du sentiment vivifiant nous dit : « Oui, je veux (ceci) », tandis que le côté débilitant de ce même désir nous dit : « Non, je ne veux pas (cela) ! »

C'est à cette dualité du désir que le Christ faisait référence lorsqu'il a dit à ses disciples : « Nul ne peut servir deux maîtres ; car ou il haïra l'un et aimera l'autre, ou il s'attachera à l'un et méprisera l'autre. » À travers toute forme de désir résident ces deux « maîtres » jumeaux (l'un étant le pendant de l'autre). Aucun de ces maîtres ne pourra jamais être satisfait de façon permanente, pas plus qu'il ne sera un jour possible de marier le feu et la glace. Encore une fois, nos expériences personnelles viennent valider cette découverte.

Peu importe ce que nous donnons au désir, *ce n'est jamais suffisant.* D'une façon ou d'une autre, par sa nature même, *le désir veut toujours plus…* Ce qui nous mène à une autre révélation incroyable. Je vous invite à prendre votre temps pour réfléchir à sa signification, jusqu'à ce que vous puissiez voir les nombreuses vérités qu'elle recèle et qui vous aideront à vous libérer.

L'inévitable sentiment d'insatisfaction que nous ressentons dans la vie est insé-parable de tout ce que le désir nous pousse à atteindre au nom d'un contentement durable à venir.

De par sa nature, le désir ne peut jamais connaître le contente-ment durable, puisqu'il est littéralement monté contre lui-même ; c'est une « maison divisée » (dans le sens le plus concret du terme) qui peut uniquement « subsister » en nous poussant à consolider ses murs alors même qu'ils s'effondrent. Cette nouvelle connaissance de soi (et les actions qu'elle nous incite à entreprendre en mettant cer-taines vérités en lumière) est la clé que nous cherchions depuis le départ. Elle révèle la véritable cause de notre état captif en nous montrant comment nous nous sommes laissé entraîner dans un état de dépendance *consensuelle.* Apprendre à accueillir la lumière de cette révélation correspond à adopter un nouvel état de conscience spiri-tuelle qui, cette fois, *ne pourra pas agir contre lui-même…* pas plus qu'il ne pourra être dupé au point de croire que la vérité puisse provenir d'une source extérieure à sa propre sagesse immémoriale et incorruptible.

Nous avons maintenant atteint un point critique dans notre voyage intérieur. Certes, il est important de prendre le temps de

 LÂCHER PRISE POUR VAINCRE LA DÉPENDANCE

reconnaître les vérités que nous avons découvertes en cours de route, mais si nous voulons en extraire toute l'essence, nous devrons à présent apprendre à agir en conséquence. Lorsqu'il est question de se libérer de ce qui nous opprime, il n'existe aucun substitut au combat intérieur qu'il est nécessaire de mener afin de retrouver la pleine possession de nos moyens. Ce n'est qu'en nous engageant pleinement à faire les efforts nécessaires pour vivre en adéquation avec ce que nous sommes réellement que nous pourrons parvenir à la découverte intérieure qui constitue le socle de la liberté elle-même :

Notre vrai moi, qui représente ce que nous sommes réellement, ne peut être mis à mal, pas plus qu'il ne peut être fait prisonnier par un désir passager.

Un exercice intérieur pour mettre un terme à toute forme de codépendance

Plus nous nous efforçons de mettre au jour les parties de nous qui sont complices de la création de relations de codépendance (et plus nous prêtons attention aux différentes façons dont cette propension inconsciente peut nous nuire), plus nous aurons l'occasion de faire des découvertes libératrices. C'est une loi universelle : si vous demandez à voir la vérité qui est en vous (et que vous faites ensuite tout ce qui est nécessaire pour y accéder), alors tout ce qui vous était caché sera révélé. La même idée est d'ailleurs mise de l'avant dans le Nouveau Testament : « Demandez, et l'on vous donnera ; cherchez, et vous trouverez ; frappez, et l'on vous ouvrira. » Les révélations ne pourront que suivre votre intention de connaître la vérité qui est en vous, aussi certainement que la lumière du matin transperce la noirceur de la nuit la plus sombre. Cela étant dit, comment pouvons-nous être sûrs que ce principe nous aidera à résoudre le mystère de notre dépendance et qu'il pourra mettre un terme aux souffrances inconscientes qui sont les nôtres ? La réponse est bien simple : puisque c'est l'*inconscience* de ce qui est en nous qui contribue à créer et à maintenir nos relations de codépendance, il ne pourra jamais y avoir qu'un seul véritable remède pour les douleurs qu'elles nous infligent : *nous devons devenir conscients.* Comme Frank Herbert le disait de façon si simple et élégante dans son ouvrage classique *Dune* : « Le dormeur doit se réveiller. »

Le problème, c'est qu'aucun d'entre nous ne croit vraiment qu'il est endormi ; même si les preuves qui se reflètent dans notre souffrance continuelle nous racontent une tout autre histoire. La vérité, vous diront tous ceux qui se sont éveillés, c'est que nous vivons dans un monde de rêve ; nous sommeillons dans un curieux état psycho-spirituel que nous avons créé en nous, où nous croyons voir la réalité quand, en fait, nous ne voyons que des ombres.

Bien sûr, nous sommes suffisamment éveillés pour vivre dans le monde physique qui nous entoure ; nous avons la conscience néces-saire pour interagir avec les éléments de la vie quotidienne (ce qui nous permet même d'acquérir de nouvelles habiletés), mais ce niveau de conscience n'a aucune autorité sur ce qui nous maintient captifs. Pour comprendre pourquoi ce niveau de conscience superficiel est incapable de nous permettre de nous libérer de l'état captif dans lequel nous nous trouvons, référons-nous à l'une des maximes spi-rituelles les plus anciennes et fondamentales qui soient. Lorsqu'il est question des forces secrètes qui sont responsables de la création de notre réalité, *c'est l'intérieur qui définit l'extérieur.*

Les véritables exercices spirituels sont conçus pour nous aider à nous éveiller à ce qui se produit *en nous* ; ils sont faits pour nous aider à apporter un éclairage nouveau sur les mécanismes qui définissent notre vie intérieure. Dans cette optique, ils répondent à un objectif principal : nous amener à un niveau supérieur de conscience de soi où nous sommes capables de *voir* ce qui se produit en nous… *alors même que ces mécanismes opèrent* et ont un impact direct sur ce que nous vivons. Notre nouvelle relation avec cette conscience de soi spirituelle a le pouvoir de tout changer.

Par exemple, alors que nous étions habitués à entrer dans un accord inconscient (de façon apparemment « naturelle ») avec des réactions mécaniques dictées par l'habitude (en dépendant littéralement d'elles pour nous définir et nous indiquer quelles possibilités s'offraient à nous), nous pouvons maintenant profiter de notre nouvel état de conscience pour détecter ces réactions et mettre un frein au mécanisme nuisible qu'elles engendrent avant même qu'elles ne puissent le déclencher !

En termes simples, *plus nous sommes conscients, moins nous souffrons.* L'intelligence céleste que recèle ce niveau supérieur de conscience de soi nous offre tout ce dont nous avons besoin pour être libres… parce qu'il est impossible que cette sagesse opère contre ses propres intérêts. En nous tenant dans sa lumière, nous ne pourrons plus être dupés. Nous *voyons* que nous ne sommes pas cette faiblesse que nous ressentons en nous, pas plus que nous ne sommes cette personne qui méprise ce qu'elle est devenue en laissant cette faiblesse dicter ses actes. La douleur que nous ressentions par le passé était simplement causée par notre incapacité à nous éveiller à ce qui se produisait en nous, voilà tout. Mais, à présent, nous avons fait le choix de nous éveiller !

À l'instant précis où nous ouvrons les yeux, nos vieilles peurs se dissipent. Les doutes disparaissent. Les douleurs nées de regrets passés perdent leur emprise sur nous. La lumière fait voler en éclats tout ce qui nous maintenait captifs, aussi sûrement que l'aube dissipe les ombres menaçantes créées par la lueur de la lune. Armés de cette nouvelle compréhension, examinons maintenant un exercice intérieur puissant qui débute par la connaissance spéciale dont nous aurons besoin pour commencer à voir le monde avec un regard nouveau.

Les anges possèdent deux ailes. Sur chacune de ces ailes (qui représentent ce dont nous avons besoin pour nous élever au-dessus de ce qui nous cause du tort) est écrit l'un de ces deux mots : OUI ou NON. Ces deux mots bien simples représentent les principes mêmes de la libération spirituelle.

Nous devons apprendre à dire OUI à l'analyse de soi, à la prière, à la méditation et à la contemplation des puissants pouvoirs réparateurs qui sont inhérents à la présence vivante du divin. Pouvez-vous penser à d'autres endroits, dans la vie, où apprendre à dire OUI pourrait vous aider à aller plus haut ? Par exemple, pourquoi ne pas dire OUI aux parties de vous qui reconnaissent que les efforts réels sont toujours récompensés et qui savent que, chaque fois que vous dites OUI à votre désir de surmonter vos limites, vous vous rapprochez de la liberté ?

Nous devons également apprendre à dire NON aux parties inconscientes qui vivent en nous et qui souhaitent que nous continuions à croire que les avenues que nous avons prises dans nos vies étaient les seules qui s'offraient à nous. Nous devons dire NON aux mensonges que cette nature profonde et trompeuse nous susurre à l'oreille chaque fois qu'elle nous dit que nous ne pouvons pas apprendre quelque chose de nouveau. Nous devons dire NON à toute partie de nous qui utilise la menace ou la douleur pour nous pousser à agir selon sa volonté. NON doit être la réponse que nous offrons aux pensées troublées qui nous appellent à revisiter des événements douloureux de notre passé.

Il n'y a qu'une véritable façon de renforcer ce OUI spirituel en vous : il s'agit d'apprendre à placer la vérité à l'avant-plan, en premier lieu et en tout temps. Par exemple, vous devez toujours dire OUI lorsque vient le moment d'être impitoyablement honnête avec vous à votre propre sujet. Peu importe où vous vous trouvez et ce que vous êtes en train de faire (ou ce que vous avez fait par le passé), vous pouvez toujours dire OUI à l'occasion de relancer votre vie sur de bonnes bases. Dites OUI à la partie de vous qui sait qu'*il n'existe pas de vérité qui soit mauvaise*, peu importe ce que vous disent d'autres parties de vous moins bienveillantes. En osant dire OUI à ce qui est révélé en vous, vous ouvrez le coffre d'un trésor trop longtemps enfoui. Il enrichit les bonnes parties de votre être chaque fois que vous prenez conscience de ce qui vous a dupé jusqu'alors.

S'il est important d'apprendre à dire OUI de la sorte, il est tout aussi important de reconnaître quand (et où) il faut dire NON. Nous ne pouvons pas nous permettre d'oublier qu'il y a plusieurs voix qui sommeillent en nous et qui se sentent bien, à notre insu, lorsqu'elles parviennent à nous tromper !

N'oubliez pas : aucune forme de comportement de codépendance externalisé ne peut exister ou se manifester sans qu'une partie de nous ne fournisse les conditions nécessaires à son éclosion. En gardant cela en tête, voici quelques situations de codépendance communes desquelles nous pourrons nous libérer en apprenant à dire NON.

1. Faire la « paix » avec des gens qui nous causent du tort

Il y a des parties de nous qui préféreraient encore être punies par des personnes malveillantes que de devoir rester seules une minute. Ces parties de nous ne peuvent exister si elles n'ont pas quelqu'un à craindre ou à détester. Nous demeurons dans des relations néfastes parce que la peur ou le sentiment de vide que nous ressentons à la seule idée d'y mettre un terme nous semblent trop difficiles à gérer par nous-mêmes. Voici la clé qui permettra de quitter cet état captif :

La peur que nous ressentons semble bel et bien réelle ; or, elle appartient à un moi imaginaire. C'est en accédant à cette nouvelle connaissance de nous-mêmes et en la cultivant consciencieusement que nous pouvons nous défaire de cette peur. La vérité, comme toujours, nous montre la voie à suivre.

Commencez par vous éloigner de quiconque vous « aide » à croire que la douleur que vous vivez est nécessaire. Quittez toute personne qui vous cause de la douleur « pour votre propre bien ». Voici une règle simple à retenir : ne faites jamais la paix (ouvertement ou intérieurement) avec toute personne ou tout état psychologique qui désirent vous punir. Dites NON et partez ! Une vie nouvelle et indépendante vous attend.

2. Blâmer les autres

Dès que nous laissons les parties de nous qui sont en colère blâmer les autres pour les situations dans lesquelles nous nous trouvons, nous permettons à la nature qui sommeille en nous de continuer à nous faire croire à la chimère suivante : si ce n'était le tort que nous causent les autres, nous ne serions jamais si fâchés, troublés, déprimés ou abattus.

La vérité est tout autre. Il existe des parties inconscientes en nous qui sont toujours prêtes à trouver des torts chez les autres, dans un effort malavisé pour demeurer infaillibles à leurs propres yeux. Chaque fois que nous blâmons quelqu'un d'autre que nous, nous acceptons de demeurer endormis et de perpétuer notre fausse nature, qui est pourtant celle qui nous cause du tort. Dire NON à cette nature, c'est dire au revoir à une série d'ennemis imaginaires dont a besoin ce faux moi pour demeurer en vie. Cela nous permettra en outre d'abandonner une guerre qui ne pourra jamais être gagnée.

3. Se plaindre de son existence malheureuse

Le moi négatif qui observe votre vie en se plaignant de tout ce qu'il voit ne peut savoir la chose suivante, mais nous, nous le pouvons : s'il n'était pas accroché à une fausse représentation créée par lui-même de ce que les choses « devraient être », il n'aurait à se plaindre de rien.

Plus ce faux moi compare notre vie imparfaite à sa propre conception d'un bonheur imaginaire, plus il se plaint de ce que nous vivons et plus il semble avoir raison de le faire. Il s'agit donc de dire NON à ce moi négatif et codépendant en apprenant à choisir la conscience plutôt que l'amertume.

Pour accélérer le parcours vous permettant de vous libérer de toute forme de relation de codépendance, il est très utile de dresser une liste des différents domaines de votre vie dans lesquels vous ressentez de la souffrance, pour une raison ou une autre. Afin de vous aider à amorcer cet examen, j'ai dressé une courte liste des sept pièges les plus communs dans lesquels nous avons tendance à tomber et qui sont propices à l'entretien de relations nuisibles avec les gens qui nous entourent ou avec nos propres pensées et sentiments.

Nous entrons dans une relation inconsciente de codépendance avec autrui dès lors que nous faisons l'une des choses suivantes :

1. Nous nous ingérons dans la vie d'autrui ou nous permettons aux autres de se mêler de nos affaires.
2. Nous racontons des ragots, principalement lorsque nous dénigrons des personnes que nous connaissons ou à qui nous sommes associés.
3. Nous avons un discours pessimiste et défaitiste, que ce soit dans une conversation ou dans l'intimité de nos pensées.

4. Nous approuvons la haine qu'une autre personne éprouve pour un individu, un groupe ou une condition.

5. Nous prenons part à toute forme de dialogue intérieur négatif avec nous-mêmes à propos d'un ennemi imaginaire ou d'une circonstance indésirable.

6. Nous permettons aux autres de déverser leurs problèmes sur nous, de sorte que nous devons soutenir le poids de leur mécontentement.

7. Nous entretenons des pensées (provenant de nous-mêmes ou d'une source extérieure) nous disant que notre vie n'a aucun sens.

Chaque fois que nous nous efforçons de mieux nous comprendre, en cherchant volontairement à percevoir des vérités profondes en nous, nous attirons peu à peu une force très puissante qui n'a aucune difficulté à dire NON aux choses qui ne nous ont jamais permis de nous accomplir. Dire NON de la sorte est pareil que de dire OUI à une nouvelle plénitude et à ce bonheur que nous cherchions auparavant aux mauvais endroits.

La conscience de soi sonne le glas de toutes les conduites qui créent une dépendance et des relations de codépendance qui les favorisent. *Aucun mensonge ne peut résister à la lumière de la vérité.*

QUARANTE PENSÉES POUR ATTEINDRE LA LIBERTÉ

Les quarante pensées spirituelles suivantes constituent un grand résumé de tout ce que nous venons d'étudier ensemble. En les revoyant, n'oubliez pas que vous ne pourrez jamais profiter des bienfaits de la lumière qui est tapie dans ces vérités intemporelles si vous n'êtes pas prêt à plonger en elles et à les explorer en profondeur. Vous reconnaîtrez probablement de « vieux amis » dans certaines de ces pensées ; accueillez-les en vous et invitez-les à rester à vos côtés, afin d'emprunter leur lumière charitable lorsque vous vivrez des moments sombres. Comme toutes les vérités qui pourraient sembler insaisissables (dans cette liste ou parmi celles que vous avez lues précédemment dans cet ouvrage), je vous invite à les retourner dans tous les sens et à y réfléchir jusqu'à ce qu'elles acceptent de vous éclairer de leur lumière... ce qu'elles finiront toujours par faire. Bien vite, leur pouvoir sera partie intégrante de votre liberté nouvellement acquise. Votre indépendance est alors garantie.

I. Aucun esprit négatif, quel qu'il soit, ne pourra avoir d'influence négative sur nous une fois que nous aurons pris conscience de sa présence.

2. L'esprit qui bavarde agit ainsi parce qu'il aspire à une certaine familiarité qu'il obtient en créant des images mentales auxquelles il peut réfléchir et qu'il peut commenter.

3. Les énergies spirituelles supérieures sont toujours présentes, mais comme notre nature actuelle ne peut, en l'état, recevoir leur sagesse, elles agissent un peu comme du carburant pour fusée que l'on verserait dans un moteur diesel.

4. Lorsque nous découvrons davantage de vérités sur nous-mêmes, nous acquérons également une meilleure compréhension de tous ceux qui nous entourent. Ce nouvel état d'esprit nous permet d'interagir avec les autres comme nous n'en étions pas capables par le passé, notamment en étant parfaitement honnêtes sans être blessants.

5. La rose n'a jamais eu besoin de lutter pour devenir belle. De même, ce qui est obligé de se débattre en nous pour que nous le reconnaissions ne peut être naturel et n'appartient donc pas à notre vrai moi.

6. Nous ne pouvons comprendre aucun véritable enseignement de la vie jusqu'à ce que nous prenions conscience du fait que toutes les leçons qu'elle nous envoie ne sont que le reflet de nos déséquilibres intérieurs. Ces leçons existent (et viennent à nous) pour nous aider à tempérer la personnalité de notre âme.

7. Il existe une différence importante entre faire une erreur et se considérer soi-même comme une erreur ; tout souhait obsessionnel d'être vu comme quelqu'un de parfait aux yeux du monde est une punition qui n'aura jamais rien à voir avec la vraie paix et le contentement.

8. La douleur que nous cause un événement fâcheux est proportionnelle aux attentes que nous avions par rapport à cet événement.

9. Lorsque nous faisons face à des déceptions ou à des moments difficiles, il existe de meilleures solutions que d'exprimer des émotions négatives.

10. Il n'y a rien que l'on puisse dire à une tornade pour l'empêcher de tournoyer. La même chose est vraie lorsque nous nous demandons ce que nous devrions dire à des personnes qui sont dans un état d'esprit négatif, ou que nous cherchons le moment opportun pour leur parler. En général, la tempête dans laquelle elles se trouvent finira par retomber d'elle-même, parce qu'elle sera à court d'énergie mécanique.

11. Aucune avenue ne sera jamais plus lumineuse ou porteuse de sens que celle qui sera tracée par notre conscience de soi.

12. L'une des raisons pour lesquelles les gens ont peur d'être seuls, c'est qu'ils ne comprennent pas la *raison d'être* des moments de solitude. Il n'y a rien de mal à passer du temps seul avec soi-même.

13. Tout ce qui nous arrive est un reflet de ce que nous sommes.

14. Accordez de l'attention à ce que vous voulez dans la vie, et non pas à ce que vous ne voulez pas. Fixez-vous des objectifs en fonction de vos aspirations spirituelles et non pas de vos ambitions physiques.

15. La partie de nous qui voit certains moments de notre existence comme un long tunnel au bout duquel il n'y a aucune lumière ne fait qu'un avec la noirceur qu'elle perçoit.

16. La conscience parfaite constitue non seulement la meilleure protection qui soit, mais également la promesse de la plénitude.

17. Pour apprendre à savoir ce que nous devons faire, nous devons d'abord apprendre à nous montrer patients envers les processus et les voies de notre esprit.

18. Il est impossible de résister à quelque chose tout en espérant en tirer des enseignements.

19. La culpabilité est un état d'esprit trompeur qui laisse croire à la personne qui la ressent qu'elle aurait agi différemment si elle avait eu la chance de faire un autre choix. Or, en vérité, cet état d'esprit choisit toujours la même voie et nous pousse systématiquement à nous blâmer pour tous les choix que nous faisons par la suite.

20. La peur est un mensonge. Le moi apeuré qui, en nous, demande à être sauvé ne veut rien d'autre que nous convaincre de son existence chaque fois qu'il répète ses appels au secours désespérés.

21. Les comportements répétitifs représentent la route toute tracée sur laquelle nous devons marcher pour que notre esprit spirituellement endormi puisse continuer à nous rebattre les oreilles de ses promesses creuses de lendemains qui chantent et qui sont « juste devant nous ».

22. La pensée est similaire à un tapis roulant que le moi ne voit pas, même s'il marche dessus. Cet appareil, qui est alimenté par le mouvement de nos jours passés, est aussi celui qui produit nos lendemains. Il s'agit d'une prison invisible dont on ne peut voir les murs.

23. Osez vous voir et vous connaître tel que vous êtes, sans chercher à nommer ce qui se présente devant le regard attentif de votre conscience. C'est en ayant un regard détaché sur les pensées et les sentiments qui remontent en vous, sans chercher à les définir, que vous pourrez leur fournir la voie d'échappement dont ils ont besoin pour vous laisser en paix.

24. Toute chose qui, en nous, résiste à l'examen des causes de notre tristesse est elle-même en partie responsable de la douleur qu'elle préfère laisser inexplorée.

25. Il est impossible de mettre un terme à quelque souffrance émotionnelle que ce soit en imaginant un bonheur nouveau. Le moi qui décide d'imaginer les choses ainsi ne comprend pas que ses rêves sont alimentés par une tristesse ou une détresse imperceptible.

26. Ne cherchez jamais à fuir ce que vous ne comprenez pas, puisque ces choses se retrouveront toujours sur votre route lorsque vous vous arrêterez.

27. Ce n'est pas la vie que Dieu a voulue pour nous qui est difficile, mais bien notre refus d'accepter sa volonté de nous éveiller à la relation qu'il nous propose d'entretenir avec lui ; la distance que nous ressentons entre lui et nous n'est jamais qu'égale à l'amour que nous éprouvons secrètement pour notre propre personne.

28. Plus nous serons conscients, plus nos vies pourront être dirigées par une forme d'intelligence dont la finalité et les objectifs nous apparaîtront clairement.

29. Nos peines de cœur inutiles pourront enfin se terminer lorsque nous comprendrons que la guérison à laquelle nous aspirons commence par l'abandon de la relation que nous entretenons secrètement avec les parties de nous qui sont responsables de la douleur que nous nous infligeons à nous-mêmes.

30. Le moment présent et la conscience que nous en avons ne sont qu'une seule et même chose, de la même façon qu'un miroir et l'objet qu'il reflète ne font qu'un dans le regard de la personne qui les observe.

31. Le succès dépend non pas de nos aptitudes spirituelles, mais de notre volonté spirituelle.

32. Dieu aime ceux qui font ce qui est vrai, quelles que soient les circonstances.

33. Une pensée qui chemine sans cesse deviendra inévitablement plus lourde.

34. Notre intention de nous éveiller et de nous libérer ne portera fruit que si nous sommes capables de ne pas l'oublier. Établissez-vous des objectifs précis.

35. La pensée peut parfois nous guider dans la bonne direction, mais elle n'a aucun pouvoir lorsque vient le temps d'entrer dans le royaume qu'elle a pu imaginer.

36. Vous devez vous souvenir que la personne que vous êtes vraiment ne peut être limitée par de noires pensées ou par des sentiments négatifs, pas plus que la lumière d'une ampoule ne peut être contenue à l'intérieur du globe.

37. Nous finirons par ressembler à ceux avec qui nous nous assemblons.

38. Le vrai bonheur est non pas une sensation émotionnelle, mais une qualité spirituelle.

39. Il n'est pas possible d'être attentif sans en avoir l'intention et sans y mettre les efforts nécessaires. L'attention nous permet d'entrer en contact avec ce sur quoi elle met l'accent, tandis que la conscience nous permet d'établir le pont entre cet objectif et nous.

40. Gardez le cap sur votre intention de connaître la vérité sur vous-même, et cette même vérité se chargera de vous guider vers les expériences dont vous avez besoin pour mieux la connaître.

QUELQUES MOTS SUR LA NUIT OBSCURE DE L'ÂME

Venir à bout d'une dépendance ou de toute forme de codépendance est la même chose que de mourir, pour la partie qui est complice de cette relation en vous ; sans cette « mort intérieure », il ne sera pas possible de couper les ponts avec les sombres sentiments qui vous maintiennent captif. Il est important de comprendre cette loi qui régit toute renaissance : la prise de conscience vient en premier et elle est suivie de la mort et du début d'une vie nouvelle. Ces étapes sont depuis longtemps décrites dans la littérature spirituelle classique comme « la nuit obscure de l'âme ». Il importe donc de saisir ce processus vital par lequel il est nécessaire de passer pour relancer notre vie sur de nouvelles bases.

Une fois qu'une chose n'a plus d'utilité dans un domaine ou l'autre de notre vie, inévitablement elle n'a plus la même raison d'être. La feuille qui capture un rayon de soleil, avant de transférer son énergie à l'arbre, remplit une fonction bien précise au printemps et en été, et joue un rôle tout différent en automne et en hiver. Si elle sert d'abord d'agent de conversion, en recueillant la lumière du soleil pour nourrir l'arbre, elle meurt ensuite et tombe au sol, où elle se transforme pour devenir à son tour la nourriture dont l'arbre a besoin.

Imaginez un instant que les feuilles d'un arbre puissent avoir la volonté de demeurer dans leur état actuel et qu'elles refusent de tomber au sol l'automne venu afin de nourrir l'arbre qui leur a donné la vie. Non seulement la beauté vibrante de cet arbre aurait tôt fait de se ternir, mais aussi, en relativement peu de temps, l'arbre lui-même mourrait de faim et n'aurait d'autre choix que de périr et de délaisser sa forme actuelle.

Il est donc clair que rien ne peut créer la vie hors des lois de ce grand cycle de réciprocité. Ajoutons maintenant un autre élément à cette connaissance nouvelle ayant trait à l'interdépendance de tout ce qui existe.

Toutes les formes créées sont fractales, comme le sont leur objectif, leur utilité et leur durée de vie. Des plus gigantesques soleils aux graines de moutarde, chacun d'entre eux, toute proportion gardée, passera par le même cycle de vie et de mort. Cette vérité est facile à observer dans la nature : un jour ou l'autre, l'arbre lui-même n'a d'autre choix que de passer par le même processus que les feuilles qui sont nées de ses branches. La vie est une transition perpétuelle d'énergie ; la nature est l'instrument qu'elle utilise pour refléter et exprimer ce plan cosmique.

D'une certaine manière, la conscience de toutes les créatures naturelles (les feuilles, les arbres et la myriade de bestioles qui s'abritent dans leur ombre) est inséparable de la forme qu'elles prennent et de l'objectif que remplit cette forme à travers le temps.

Ces créations de la nature n'ont pas de conscience de soi qui leur permettrait de réaliser que les différentes formes qu'elles empruntent tour à tour poursuivent leur transition d'un objectif à un autre, puis à un autre encore. Elles vont d'une forme à l'autre, inconscientes des étapes de l'existence qu'elles représentent ou de la plus grande nature qu'elles sont obligées de servir. Or, quelque part dans la matrice complexe de sa propre nature, l'être humain abrite une graine céleste cachée : en effet, à l'intérieur de chacun d'entre nous se cache un niveau de conscience plus élevé, qui a la possibilité de faire autre chose que de simplement apparaître et disparaître encore et encore, sous quelque forme que ce soit, sur la rivière du temps qui passe.

Au-delà des mille et une formes temporaires qu'il peut prendre, ce niveau de conscience n'a ni forme ni temps. Il recèle un cadeau qui n'est accordé à aucune autre création.

Il est capable de demeurer présent à lui-même, en lui-même, tandis qu'il passe de son actuelle forme temporaire à ce pour quoi il a été destiné dans le grand ordre des choses. Ce moment unique dans l'évolution d'un être humain porte un nom : il s'agit de « la nuit obscure de l'âme ».

Cette nuit obscure de l'âme représente le moment où un être est « entre deux mondes » ; elle est la transition qui se produit lorsque la conscience de celui qui cherche la vérité passe d'un ordre de l'existence à un autre, plus élevé.

La nuit obscure de l'âme est une expérience terrifiante, mais nécessaire, par laquelle doivent passer ceux qui réalisent que le but que poursuit leur moi acquis (c'est-à-dire tout ce qu'ils ont toujours recherché et voulu devenir) est vain parce qu'il n'y a en lui rien de vrai. Le « verre sombre » à travers lequel ils regardent n'est pas seulement une lentille noircie : il s'agit de la couleur de leur conscience actuelle ; celle qui fait en sorte que leur personnalité (et toute la fierté et les passions qu'elle a cultivées avec le temps) est maintenant vue comme étant plus qu'inutile pour eux. Elle n'est plus qu'un obstacle formé de demandes pressantes qui sont impossibles à satisfaire.

Il n'y a plus de place en eux où trouver le repos… et même si cet endroit existait, ils savent qu'ils ne pourraient y demeurer, parce qu'ils poursuivent à présent leurs propres rêves.

Il ne leur reste donc plus qu'une chose à faire : s'abandonner à la lumière même qui leur permet de voir, sans état d'âme, tout ce qu'ils ne pourront plus être. Ils doivent non seulement choisir de laisser mourir tout ce qu'ils ont été, mais aussi accepter d'être le témoin de leur propre sacrifice.

Pourtant, même au milieu de toute cette noirceur (ou grâce à elle, en fait), une nouvelle compréhension apparaît, tout comme une volonté de répondre à son appel : ce n'est qu'en acceptant de faire sienne cette loi céleste éternelle que quiconque pourra espérer entrer dans un royaume supérieur à celui dont il vient, pour y prendre la place qui lui revient de droit.

SÉANCE DE QUESTIONS ET RÉPONSES

Les noms ont été modifiés pour préserver l'anonymat des participants.

La nouvelle connaissance de soi que nous venons de découvrir ne nous sera utile que si nous avons la volonté de nous en servir à bon escient. Cela signifie que nous devrons mettre nos apprentissages à l'épreuve.

Compte tenu de la matière que vous venez tout juste de lire et du fait que vous vous soyez rendu jusqu'à cette dernière section du livre, il faut en conclure que, à vos yeux, au moins une partie des idées exprimées dans ces pages sont vraies et valables. Ces idées vous donnent un aperçu des possibilités qui s'offrent maintenant à vous ; elles vous proposent une nouvelle façon de percevoir votre vie et les circonstances qui sont les vôtres. Elles vous permettent en outre de regagner une forme de contrôle sur ce que vous êtes. Cependant, pour que cela soit possible et que vous puissiez enfin reconquérir l'autorité naturelle que vous devriez avoir sur votre corps, votre esprit et vos pensées, vous devrez apprendre à incorporer ces idées dans l'ensemble de vos relations, quelle que soit leur nature.

La section suivante de cet ouvrage, présentée sous la forme d'une séance de questions et réponses, est fondée sur de véritables questions qui m'ont été soumises par des personnes qui vous ressemblent à plus d'un titre. Il s'agit d'hommes et de femmes qui sont confrontés à une forme ou à une autre de dépendance et à ses effets collatéraux. Heureusement, ils ont compris qu'avant de pouvoir modifier la situation complexe dans laquelle ils se trouvent, ils doivent d'abord prendre connaissance (et assumer la responsabilité) de leur niveau de conscience et de la personne qui, en eux, les pousse à agir comme ils le font.

Plusieurs des réponses à ces questions prennent la forme d'actions concrètes, mais ces instructions ne sont pas fournies pour vous procurer un quelconque nouveau pouvoir qui pourrait vous permettre de surmonter votre douleur. Cependant, si vous réfléchissez aux conseils et aux instructions qui suivent, et si vous les mettez en pratique, vous pourrez enfin voir à quel moment vous avez accepté (sans en être conscient) de devenir *impuissant*.

En vérité, reprendre le contrôle de sa vie est plutôt simple : il s'agit d'être prêt à regarder sa propre vie en face pour voir l'image qu'elle nous renvoie. Il faut donc se voir tel qu'on est vraiment, sans excuses ou justifications. Ce miroir nous montre une image spirituelle qui pourrait nous troubler dans un premier temps, mais il nous transmet également la force nécessaire pour quitter tout ce qui nous pousse secrètement à nous causer du tort.

Il n'y a pas de « bonne » façon de remédier à tout ce qui vous pousse, de l'intérieur, à agir contre vos propres intérêts. Soyez simplement prêt à considérer l'ensemble des vérités dont vous avez besoin... jusqu'à ce que vous en maîtrisiez suffisamment pour que *plus rien de faux ne puisse continuer à vivre en vous*. Le reste de la route est toute tracée. Utilisez les questions et les réponses suivantes pour accumuler de plus en plus de connaissances sur vous-même, puis commencez à faire le travail qui s'impose.

Karen : Pourriez-vous m'en dire plus sur ces moments où je sens que je *dois* avoir ce dessert, que je *dois* acheter cette robe, cette nouvelle voiture ou toute autre chose qui m'attire dans l'immédiat ? Dans de pareils cas, ces besoins m'apparaissent comme une force irrépressible.

Guy : Nous devons comprendre que si nous agissons parfois à l'encontre de nos propres intérêts, c'est parce que, au moment où nous le faisons, nous sommes convaincus d'agir en notre faveur. Quelque chose en moi veut que j'ingère cette nourriture, ou souhaite que je devienne irrité ou impatient. Généralement, je n'ai pas conscience de ne pas vouloir ce qui m'est proposé ; ou bien je comprends que je ne le veux pas, mais le désir semble l'emporter sur la raison. Est-ce que cela décrit bien ce que vous disiez dans votre question ?

Karen : Oui. Alors, comment pourrais-je agir différemment ?

Guy : Quand on parle d'une dépendance à quelque chose, on parle en réalité d'une dépendance à ce bref moment de tentation où le plaisir que pourrait nous procurer la chose qu'on imagine pèse plus lourd dans la balance que notre compréhension des torts que cela pourrait nous causer. À ce moment-là, il est nécessaire de réaliser que nous devrons agir autrement que nous l'avons toujours fait dans cette situation. La seule façon d'apporter des changements dans notre vie, c'est de devenir conscient et d'être présent dans le moment. Nous pourrons alors reconnaître la nature qui nous pousse à faire ces choix qui vont à l'encontre de nos intérêts. Nous faisons cette chose que nous ne voulons pas faire parce qu'il est trop douloureux d'agir autrement. Nous ne voulons pas manger ce dix-neuvième biscuit. Nous ne voulons pas rappeler cette personne pour recommencer à nous plaindre juste après nous être disputés, mais une dépendance compulsive nous pousse à vouloir résoudre nos conflits.

Vous êtes-vous déjà retrouvée dans une relation comme celle-là, où il semble impossible de laisser les choses en plan ? C'est une dépendance. Pourquoi ? Parce que, même si je sais que je serai blessé en le faisant, j'éprouve trop de douleur à ne pas le faire. Tout cela est difficile à discerner, et c'est pourquoi il faut toute une vie pour y parvenir (une vie accomplie, cela dit), par l'étude de soi. Pour qu'une personne puisse libérer sa conscience, elle devra consacrer sa vie à chercher à comprendre ce qui lui vole cette vie ; elle devra se rendre compte qu'il est plus douloureux de ne pas faire quelque chose que de le faire. Elle devra comprendre que quand elle le fait, elle s'en veut et se déteste par la suite. Elle se dira donc qu'elle ne le fera plus jamais, aussi longtemps qu'elle vivra. C'est très bien, mais viendra tôt ou tard le moment où une situation similaire se reproduira, et la conscience de cette personne la poussera à aller vers la chose dont elle prétend avoir besoin… et c'est la rechute.

Quand on agit ainsi, en faisant ce qu'on ne veut pas faire parce que la douleur associée au choix inverse est trop importante, la seule façon de modifier la relation qu'on entretient avec notre nature profonde est de commencer par comprendre qu'il faudra, d'une façon ou d'une autre, trouver une force nouvelle qui nous permettra d'endurer cet état, plutôt que de le laisser nous mener à sa conclusion néfaste et habituelle.

Pour se libérer de toutes ces situations négatives et autodestructrices, il sera possible de suivre un principe de base selon lequel « la seule façon de s'en sortir est de passer au travers ». Nous avons tous été ruinés. Nous avons tous cheminé jusqu'à un certain point, dans notre vie psychologique, où le plus petit des inconforts nous poussait immédiatement à aller chercher quelque chose, à faire quelque chose, à acheter quelque chose ou à parler à quelqu'un... parce que nous n'avions pas les ressources psychologiques pour soutenir la moindre forme d'inconfort. Or, il faut savoir que rien n'est jamais créé sans douleur. Pour que notre vraie nature soit capable de se souvenir de ce qu'elle est véritablement, dans un moment de besoin, il est nécessaire que nous soyons pleinement conscients et que nous ressentions la douleur qui nous accable.

Généralement, nous savons ce qui nous attend. Nous pouvons souvent sentir ces choses s'intensifier. Il faut alors le reconnaître en se disant : « Je m'apprête à revivre cette chose que j'ai vécue mille fois, mais, cette fois, j'agirai différemment et je ne me laisserai pas dicter ce qui est vrai par cette voix malicieuse en moi. » Cette voix, en vous, risque alors de vous répondre : « Tu sais que si tu ne manges pas ça, tu te sentiras vraiment mal dans ta peau et tu vas manquer quelque chose. Si tu ne le fais pas, tu le regretteras. » Ces pensées vous viendront inévitablement en tête, peut-être même jusqu'à vous envahir l'esprit. Cependant, cette fois, vous serez plus intéressé à connaître la nature de la personne qui vous enjoint d'agir ainsi qu'à écouter ce qu'elle vous dit de faire. Vous serez attentif à la personne en vous qui choisit de vous menacer plutôt que de vous contenter de faire ce qu'elle vous demande. Pouvez-vous voir la différence, dans ce processus ?

Karen : Oui, c'est fantastique. Merci.

Guy : Vous êtes capable d'y arriver. Chacun de ces moments vous apportera une récompense incommensurable : vous commencerez à comprendre que ce n'est pas votre voix profonde et réelle qui vous parle dans ces moments de tentation, puisque vous ne voudriez jamais vous causer du mal volontairement. Cette voix vous enjoint de faire ce qu'une autre partie de vous sait pertinemment que vous ne devriez pas faire. En cherchant à déterminer qui vous parle ainsi et en prenant conscience de ce qui se produit (plutôt que d'obéir servilement à cette voix qui n'est pas la vôtre), vous provoquerez un moment de séparation qui vous permettra d'avoir un premier aperçu de cette nature qui sommeille en vous et qui n'aspire qu'à se contenter à vos dépens. Chacun de ces moments vous permettra d'entra-percevoir que ce que vous êtes ne correspond pas à ce sentiment d'incomplétude, qui essaie d'atteindre la plénitude et de se satisfaire en passant par ce qu'il a objectivé et qu'il vous a demandé d'obtenir pour lui.

Plus vous comprendrez que ce que vous êtes, fondamentalement, diffère de la nature incomplète, perdue, seule, affamée et fâchée qui vous parle, plus vous trouverez la force nécessaire pour vous en séparer (plutôt que d'essayer d'y résister). Vous comprendrez alors que cette nature reviendra probablement vous visiter dans l'avenir, mais qu'elle ne correspondra jamais à ce que vous êtes vraiment. À ce moment-là, le sens de ces mots vous apparaîtra concrètement. Vous saurez par vous-même qu'ils sont vrais.

John : Pourquoi ai-je tant de difficulté à cesser de fumer ? Je veux vraiment me débarrasser de cette habitude, mais la dépendance physique est extrêmement difficile à surmonter.

Guy : Eh bien, dans un premier temps, il est important de reconnaître que les dépendances physiques (à la cigarette, à l'alcool ou même à certains aliments comme le chocolat) s'acquièrent quand notre corps s'est acclimaté à ce qu'il consomme. Quand je crois que je vais mourir si je ne fume pas une autre cigarette ou si je ne mange pas de chocolat, j'éprouve un sentiment bien réel, parce que mon corps s'est accoutumé à l'équilibre chimique produit par ce qu'il a ingéré. L'un des aspects négatifs d'une dépendance, c'est que mon corps exige désormais que je lui donne ce qui est en réalité en train de le détruire. C'est bien la preuve qu'aucune intelligence supérieure ne dirige l'existence humaine! Le corps et l'esprit peuvent devenir dépendants de quelque chose qui, dans les faits, leur enlèvera toute possibilité de rester en vie pour poursuivre cette dépendance.

Quand vous ressentez le besoin de céder à ce dont vous êtes dépendant, faites l'exercice suivant. Premièrement, cherchez à atteindre la pleine conscience, dans ce moment où le besoin de fumer une cigarette vous envahit. La première chose à saisir, c'est votre réaction initiale. Cela s'applique à toutes les formes de dépendances, d'ailleurs: la réaction initiale est toujours invisible à nos yeux. Elle naît dans la fraction de seconde où un certain déséquilibre chimique déclenche un besoin de dopamine dans le cerveau. Soudainement, un changement s'opère, alors que le corps prend conscience de son propre besoin et que l'esprit prend à son tour conscience des besoins du corps. Il est crucial de comprendre ceci: l'esprit prend conscience des besoins exprimés par le corps, *et non pas* de *votre* besoin. Vous croyez que ce besoin est le vôtre parce que vous vous êtes identifié à votre corps toute votre vie durant. Or, vous n'êtes *pas* votre corps. Vous en êtes responsable, certes, mais il n'est pas censé vous mener par le bout du nez. Voici donc le moment de la réaction, qui est invisible et imperceptible. Nous pouvons cependant prendre conscience de ce qui se produit dans la deuxième étape de cet exercice: la contraction.

La contraction correspond au moment où certaines pensées nous viennent à l'esprit: «Je veux fumer»; «Je veux ce dessert»; «Je veux boire une autre bière»; «Je dois aller en ville m'acheter quelque chose»; «Je ne peux pas tolérer d'être seul une seconde de plus»;

« Je dois aller vérifier le solde de mon compte bancaire une fois de plus. » Peu importe la nature de la dépendance, le résultat sera le même.

La contraction est donc ce moment où il existe une possibilité de modifier votre réaction habituelle — celle observée dans un premier temps. Dès que vous prenez conscience de cette contraction, vous avez l'occasion de réagir différemment. Normalement, vous réagiriez en tirant une cigarette de votre paquet, en prenant une autre bière, en décrochant le téléphone, en achetant quelque chose, en vous détestant, en vous jugeant. C'est ce type de réactions qui mène à la contraction.

La nouvelle action que l'on peut entreprendre, celle qui est rendue possible parce que nous avons pris conscience de ce qui se produit dans le moment présent, est une action instantanée. Cela signifie que je prendrai conscience de ma tentation et que j'y mettrai un frein. Je ne vais pas combattre mon envie. Je vais simplement l'observer. La contraction est passée et ce que j'ai besoin de faire, maintenant, c'est d'échapper au chemin que j'emprunte généralement dans ces circonstances. Devant une tentation, le chemin habituel est celui qui mène à céder à ce qui, selon cette même tentation, me permettra d'atteindre la plénitude. Or, j'ai maintenant compris que tout ce que je fais, dans ces moments-là, c'est de tourner en rond. Ce rond s'agrandit constamment (en même temps que ma volonté propre diminue), alors que je me laisse guider par ce qui me détruit.

Avec les actions instantanées, je peux faire une pause et commencer à observer les parties de ma personne qui expriment des souhaits, plutôt que d'accorder toute mon attention à satisfaire l'objet de leurs désirs. Il s'agit d'un point critique qui nous mènera à la quatrième étape de « non-action ». Rappelons que les trois premières sont la réaction, la contraction et l'action instantanée. À présent, je décide d'être attentif, plutôt que de me laisser guider par une obstination inconsciente, et cela me mène à la « non-action ». Dès lors, je cherche simplement à apprendre quelque chose sur la partie de moi qui croit qu'elle doit fumer une cigarette maintenant, cette partie en moi qui désire cela plus que tout. Je sais que fumer n'est pas bon pour moi… sans compter que c'est extrêmement dispendieux. C'est pourquoi je veux en savoir plus sur la nature qui, en moi, essaie de s'évader par un plaisir qu'elle me pousse à poursuivre.

Voyez-vous, quand on fume, on ne se dit pas : « J'essaie d'échapper à une sensation indésirable de moi-même. » En réalité, pourtant, quand nous faisons n'importe quelle action qui va à l'encontre de notre bien-être, nous le faisons pour essayer de fuir quelque chose qui est présent en nous, et nous le faisons parce que nous sommes guidés par un sentiment qui ne veut qu'une chose : nous mener vers un monde de compromission envers ce que nous sommes réellement.

L'élément crucial, pour ceux qui veulent arrêter de fumer ou qui cherchent à se débarrasser de toute autre habitude néfaste, est le suivant : je suis assis ici. Je ne vois pas la réaction initiale. J'ai cependant conscience de la contraction soudaine qui s'ensuit et de la pensée qui me vient dans la foulée : « Ouf ! J'ai vraiment besoin d'une cigarette ! Je dois absolument faire quelque chose, maintenant, pour remédier à ce problème. » C'est ce qui se produit lors de la contraction. À l'instant même où je ressens cette résistance (la contraction), je dois entreprendre un véritable changement de direction, et ma nouvelle réaction doit être la suivante : « Je vais faire tout mon possible pour comprendre ce qui se produit présentement. Évidemment, je veux porter cette cigarette à mes lèvres [ou manger ce dessert, faire ce voyage ou voir telle personne], parce que, en ce moment, je ne suis pas heureux avec la vision que j'ai de moi-même. Je dois éprouver un sentiment d'incomplétude, sinon je n'essaierais pas de pallier mes insuffisances en m'efforçant de faire quelque chose qui m'est imposé.»

Chaque fois que vous tirez une cigarette de votre paquet, prenez conscience de la personne qui choisit d'agir ainsi. Sachez que ce n'est pas l'ensemble de votre personne qui vous dit que quelque chose de mauvais risque de survenir si vous agissez autrement. Vous devrez alors passer au travers de ce qui surviendra par la suite. Il n'y a aucune façon d'éviter cette étape. Lorsqu'il est question de dépendance, il faut savoir que la nature qui a pris le dessus sur vous n'abandonnera pas la partie facilement. C'est dans la Bible. Pharaon dit aux Juifs: «D'accord, allez-y, vous êtes libres. Profitez-en.» Mais sitôt après, il entreprit de détruire le peuple qu'il venait de libérer. De même, la nature qui est en nous ne dira pas simplement: «C'est bon, profite de la vie, maintenant. Tu as vu clair dans mon jeu, je te laisse tranquille. Je m'en vais embêter quelqu'un d'autre.» Au lieu de cela, elle cherchera continuellement de nouvelles façons d'échapper à votre vigilance. Souvenez-vous toutefois qu'il n'est rien qui, dans l'univers, puisse vous empêcher de sublimer ce que vous êtes et ce que vous avez été, en tenant pour acquis que vous êtes disposé à apprendre la vérité sur vous-même et à abandonner ce qui ne vous est plus utile.

Rhonda: Mon principal problème, c'est que j'ai de la difficulté à me souvenir de tout ça quand j'en ai besoin. J'en suis rendue à me cacher… Je ne sors presque plus de chez moi. C'est comme si j'avais peur de mes propres réactions, et ça me paralyse. Je veux être avec mes amies, je veux sortir et m'amuser, mais j'ai le sentiment que je n'en suis pas capable.

Guy : Imaginez que vous avez une amie qui s'appelle Rebecca et que, quand vous êtes ensemble, elle finit inévitablement par vous dire que quelque chose de terrible vous arrivera bientôt. Imaginez que vous allez dîner avec cette amie et qu'elle vous prédit les pires malheurs. Combien de temps fréquenteriez-vous quelqu'un qui vous dirait sans cesse que les pires choses du monde vont vous arriver et que vous feriez mieux d'aller vous barricader chez vous ?

Rhonda : Pas très longtemps.

Guy : Alors, sachez que vous vivez déjà avec quelqu'un qui ne cesse de tenir un discours similaire à celui que je viens de décrire. Plutôt que de réagir en cherchant à découvrir la vérité par vous-même, vous croyez cette personne en vous, qui voit la vie en noir. Vous devez affronter cette personne, Rhonda. Tout le monde veut avoir des réponses, parce que nous cherchons tous à éviter la souffrance. Si vous voulez vraiment être libre, vous devez défier la voix intérieure qui prétend que vous ne l'êtes pas. Dans tout l'univers, il n'y a rien qui puisse vous empêcher de changer. La seule chose qui pourrait vous en empêcher serait d'écouter une petite voix intérieure qui vous répète inlassablement que vous n'en êtes pas capable et que vous devez éviter à tout prix de vous retrouver dans des situations qui ne manqueraient pas de vous révéler les changements qui s'imposent. Préparez-vous, Rhonda. Il faut oser résister à la partie de vous qui vous dit : « Je suis inadéquate » ; « Je ne pourrai pas m'adapter » ; « Je ne comprends pas » ; « Je ne suis pas assez belle » ; « Je ne suis pas assez intelligente. » Osez remettre en question ces affirmations. Ne le faites pas simplement pour pouvoir sortir avec vos amies et vous amuser. Faites-le pour voir, enfin, qu'en choisissant de rester à la maison, vous vous enfermez avec une soi-disant amie pour qui s'amuser, c'est vous torturer. Comprenez-vous ce que je vous dis ?

Rhonda : Oui. Je comprends, maintenant.

Guy : Oserez-vous confronter cette voix intérieure ?

Rhonda : Oui. J'en suis capable.

Guy : Faites-le simplement pour voir ce qui en résultera. N'entreprenez pas cette démarche pour « gagner ». Ne le faites pas pour avoir quelque chose en retour. Faites-le seulement pour découvrir ce qui se passera en vous. Je peux vous garantir que vous vous rendrez compte qu'on vous a bercée de mensonges. Chaque fois que vous constaterez que vous vous êtes laissé berner par une nature qui vous a causé tant d'anxiété sociale et de troubles, vous trouverez des pistes de réponses. La prochaine fois que cette voix néfaste viendra vous susurrer ses paroles mensongères à l'oreille, vous saurez comment réagir.

Rhonda : Je regarderai les choses en face et je m'en sortirai.

Guy : Exactement. Il s'agit de dire : « Eh, toi ! Je te connais ! Je vois clair dans ton jeu. Maintenant, dégage ! » Ensuite, vous pourrez passer à autre chose et continuer votre vie. Vous pourrez devenir la personne que vous avez toujours voulu être. Promettez-moi que vous essaierez.

Rhonda : D'accord, je vais le faire.

Mary : Les situations de violence que je vis me servent de miroir et me permettent de voir la violence que je m'inflige à moi-même et que j'inflige aux autres. Elles me donnent aussi l'occasion de prendre contact avec ma nature profonde et de me questionner pour savoir si je devrais rester dans cette situation ou la quitter. Par contre, je ne sais pas toujours où tracer la ligne. Je sais que je ne pourrai jamais transformer un alcoolique ou un délinquant sexuel. Je sais aussi que je ne dois jamais m'oublier quand je fais mon travail, mais pourtant je ne sais pas quoi dire à ces personnes.

Guy : Il est impossible d'habiliter quelque comportement négatif que ce soit chez une autre personne sans avoir auparavant habilité la partie de vous qui a besoin de ce type de relation pour se sentir complète. Nous avons souvent l'impression d'avoir besoin de ces situations familières dans lesquelles nous rejetons quelqu'un ou lui résistons, où nous éprouvons du ressentiment envers quelqu'un pour nous sentir complet. Il est important de comprendre que vous n'êtes pas ici, sur cette terre, pour vivre les abus que vous vous infligez ou que quiconque souhaite vous infliger. En agissant ainsi, vous vous trahissez et vous trahissez la personne que vous habilitez. Vous habilitez cette autre personne parce que vous avez peur de ne pas être avec elle. Vous avez peur de ne pas être avec elle parce que vous ne parvenez pas à ressentir la plénitude sans elle, même si cela signifie que vous deviez ensuite lui en vouloir (et vous en vouloir) pour ce qu'elle est et pour ce qu'elle fait. Si vous acceptez de voir clair dans le jeu des parties de vous-même qui, sans que vous en soyez consciente, vous poussent à aller vers ce genre de relation, vous saurez exactement ce que vous devez faire. C'est l'intérieur qui définit l'extérieur, ne l'oubliez jamais. Tâchez de voir ce qui vous motive à accepter de maintenir une relation avec une personne abusive. Vous découvrirez sans doute que c'est cette partie de vous qui vous nuit en premier lieu. Réglez d'abord cette situation, ensuite vous saurez exactement quoi faire de votre relation avec la personne abusive, sans même avoir à y réfléchir.

Alan : Mon problème, ce sont les moments où la tentation me semble trop forte, quand une voix me dit de manger le reste de mon assiette même si je n'ai plus faim, ou qu'elle m'incite à m'empiffrer alors que je viens de manger. Pourrais-je faire quelque chose, dans ces situations, pour prendre conscience de ce qui se produit ? Je constate malheureusement que je ne prends généralement conscience de la situation qu'une fois qu'il est trop tard et que j'ai trop mangé.

Guy : La première chose à faire, c'est de me rendre compte que j'ai une tendance à faire telle ou telle chose. J'ai tendance à être impatient, à détester faire la queue à la caisse du supermarché. J'ai tendance à regarder ce que les autres mangent et à vouloir ce qu'ils ont, même si je n'ai pas fini ma propre assiette. J'ai tendance à trop manger. Je dois être conscient que je suis enclin à faire ces choses. Même si je n'en ai pas conscience au moment où je prends place à table, cette tendance s'y est assise avant même que je le fasse. Voyez-vous ce que je veux dire, Alan ?

Alan : Ouais.

Guy : Ce ne sont pas les événements qui créent les conditions que nous ne voulons pas vivre. Les événements agissent uniquement comme des révélateurs de la conscience qui, en nous, produit les conditions problématiques. Disons donc que je suis enclin à manger plus que je ne le voudrais vraiment. Sachant que je veux me libérer de cette mauvaise habitude physique (sans compter que ce trait de caractère ne se reflète pas seulement à table, mais que je suis porté à abuser de presque tout), je m'efforcerai d'être attentif à cette prédisposition. En m'asseyant à table, je dois savoir que je suis enclin à trop manger. Ainsi, quand la fin du repas approchera, je ne me laisserai pas surprendre par la partie de moi-même qui apparaît toujours à ce moment. Je n'attendrai pas que la réaction et la contraction aient lieu, parce que je sais pertinemment ce qui s'en vient. Je vais plutôt me préparer à observer ce que je fais en pareille situation. « Cette situation » peut également survenir quand je m'assois avec des amis et des membres de ma famille pour discuter de mes problèmes, ou lorsque j'examine mes états financiers. Je vais chercher à prendre conscience du fait que cette tendance survient quand je vais au supermarché et que je ne peux supporter de faire la queue. Donc, quand je m'assiérai à table ou que j'irai au supermarché, je n'aurai qu'une seule intention : m'observer.

Remarquez à quel point cette réaction est différente. La plupart du temps, quand les gens se font du mal à travers une forme ou une autre de dépendance, ils ont l'intention de retirer du plaisir de ce qu'ils s'apprêtent à faire, afin de se sentir momentanément plus complets. Ils souffrent ensuite des conséquences de leurs actes. Or, cette fois, vous ne ferez qu'observer votre conscience. Vous remarquerez alors ce penchant à vouloir manger plus que de raison. Tout ce que vous devez faire, c'est de prendre conscience du désir irrépressible que vous éprouvez. Contentez-vous d'avoir conscience de ce qui se produit. Vous comprendrez alors cette loi spirituelle : tout ce qui existe en nous, sans que nous en ayons conscience, dirige nos actions. À l'inverse, nous pourrons petit à petit contrôler tout ce dont nous serons conscients. Pas parce que nous sommes forts, mais parce que l'intelligence et la conscience ne voudront jamais aller à l'encontre de leurs propres intérêts et se faire du mal. C'est donc dire que plus vous prendrez conscience d'une habitude néfaste, plus votre conscience saura aller devant vous pour aplanir les chemins accidentés. Votre conscience vous aidera à repousser votre assiette, parce que plus vous aurez l'intention d'étudier la nature qui, en vous, désire se goinfrer, plus vous comprendrez son fonctionnement. Et plus vous la comprendrez, plus vous constaterez à quel point elle vous a été nuisible. Finalement, plus vous la connaîtrez et moins elle aura d'influence sur vous, puisque vous posséderez cette nouvelle forme d'intelligence qui peut transformer ce que vous êtes, de l'intérieur à l'extérieur. Ai-je répondu à votre question, Alan?

Alan : Tout à fait. Merci beaucoup.

Gary : Est-il possible d'arrêter de penser un instant, Guy?

Guy : Voilà un problème que nous avons tous déjà éprouvé, d'une façon ou d'une autre : notre esprit n'arrête jamais de parler, pas vrai?

Gary : C'est exact.

Guy : L'esprit se parle à lui-même parce qu'il cherche désespérément à obtenir une confirmation de la personnalité qu'il produit par le dialogue. Quand rien ne l'occupe, l'esprit est très solitaire. En fait, on pourrait même dire qu'il a peur. L'esprit inconscient vit en réalité dans la peur. Tout repose sur cette peur. Elle explique pourquoi la résistance est la réponse commune à la plupart des choses qui se produisent dans notre vie. L'esprit rejette les révélations au lieu de les accepter. Cette nature apeurée se parle pour se consoler. Il y a de nombreuses années, quand j'étais adolescent, mon esprit n'arrêtait jamais de chanter. J'étais alors un musicien et un compositeur; vous pourriez donc penser que c'était une bonne chose, mais un jour, alors que je méditais dans un parc, j'ai soudainement compris que mon esprit ne cessait de chanter parce qu'il se sentait seul. Il voulait de la compagnie. Il faut donc comprendre que l'esprit a peur et que l'inconscient essaie toujours de se consoler en trouvant un sujet familier sur lequel discourir. La plupart du temps, cette conversation se déroule à l'arrière-plan. L'esprit peut même se poser des questions et y répondre lui-même. En se répondant, par une association d'idées, il se pose une autre question, et le cycle est ainsi enclenché. La prochaine fois que vous aurez conscience de ce mécanisme, cherchez à revenir entièrement dans votre corps. Devenez pleinement conscient de ce que vous ressentez, de ce que fait votre esprit (et votre corps), et demeurez dans cet état aussi longtemps que possible. Il est important de chercher à perpétuer cet état de pleine conscience pour que vous puissiez voir, une heure ou deux plus tard, que votre intention était semblable à une feuille volant au vent, comparativement à cette nature qui produit sans cesse des torrents de pensées et de sentiments. Cette découverte vous poussera à vouloir mieux comprendre la nature qui, pour l'instant, vous domine. Peu à peu, vous comprendrez mieux comment et pourquoi l'esprit se parle à lui-même, essayant d'atteindre la plénitude par la division constante. L'esprit se divise dans l'espoir de trouver la paix. Lorsque vous constaterez que l'esprit ne peut atteindre un état d'apaisement en se divisant de la sorte et en se parlant de la paix qu'il voudrait atteindre, vous cesserez de vous identifier à son dialogue. Lorsque vous arrêterez ainsi d'alimenter la discussion, celle-ci se dissipera graduellement. Cela vous va-t-il comme ça?

Gary : Oui. Merci infiniment.

Stanley : Je voulais moi aussi parler de l'activité incessante de l'esprit, qui a été un problème important dans ma vie, comme dans celle de bien d'autres personnes, j'en suis sûr. Guy, vous avez récemment posé une question à laquelle je n'ai pas pu répondre pendant au moins une demi-heure. Vous nous avez demandé : « Combien de temps passez-vous dans le moment présent ? » En y réfléchissant bien, j'ai réalisé que je ne vivais jamais dans l'instant présent. Je passais trente pour cent de mon temps dans le passé et soixante-dix pour cent dans le futur. Mais maintenant, grâce au travail que j'ai fait, j'entends la voix de ma vraie nature qui me dit : « Reviens au moment présent. »

Guy : Je suis ravi que vous abordiez ce sujet, parce que je parlais justement de cela avec une étudiante il y a quelques jours. Elle me demandait pourquoi il est si difficile pour elle de se libérer de ce qui la trouble. Je l'ai regardée et lui ai dit ceci : « Laisse-moi te poser une question. Es-tu dans l'instant présent, en ce moment, alors que tu me parles de cette peur-là ? » Évidemment, elle a blêmi, puisqu'elle n'était pas du tout présente à elle-même. Je vais vous répéter ce que je lui ai dit alors. Pour que je sois libre *plus tard*, je dois être libre *maintenant*. Je ne peux pas imaginer l'avenir différemment si je n'agis pas sur le moment présent. Il faut donc cultiver l'habitude (non, il ne s'agit pas d'un mauvais mot) de comprendre que si vous n'êtes pas présent à vous-même, c'est que vous êtes inévitablement dans le passé ou dans le futur, en train de manquer ce qui se produit en ce moment même. Quelque chose qui est bien ancré en vous peut commencer à être présent et vous rappeler à la raison en vous disant : « Hé ! Reviens ! Reviens ici. » C'est le point de départ qui vous permettra de vous placer sous la gouverne d'une intelligence qui ne se laissera pas entraîner vers le passé ou le futur, en quête d'un sentiment de soi (ou d'une façon d'atteindre la plénitude), puisque, quand elle est dans le présent, l'intelligence est déjà complète. En vivant ainsi dans le présent, vous aurez alors tout ce dont vous avez (et n'aurez jamais) besoin.

Paul : Que met-on dans la mise à jour de nos logiciels (désolé, c'est une déformation professionnelle, je suis informaticien) pour nous assurer de ne jamais oublier ce que nous sommes vraiment ? Comment peut-on avoir de la perspective en vivant dans l'instant présent ?

Guy : La solution n'est pas de réparer le logiciel. En réalité, le problème réside dans le matériel. C'est ainsi qu'il faut envisager les choses. Quel correctif est-il possible d'apporter à la douleur que je ressens ? La réponse est simple : il n'y a pas de correctif pour cela. La seule façon de corriger la situation, c'est de la comprendre suffisamment bien pour la faire sortir de notre existence. Une fois que nous aurons compris la douleur associée au sentiment d'inadéquation (la douleur qu'on ressent quand on pense qu'on n'arrivera jamais à ses fins, qu'on est soumis à trop de pression ; ou la douleur associée à une dépendance), il faudra cesser de faire ce qu'elle nous demande. Or, elle nous demande précisément de lui trouver des correctifs temporaires. Il s'agira donc de la confronter directement, dans l'instant présent, en refusant de la voir comme une volonté qui nous dirige. Quand j'écoute ma douleur, ma peur ou mes inquiétudes, à qui confie-je les rênes de mon existence ? Vers qui je me tourne, sinon vers cette nature incomplète qui me dit quoi faire pour trouver enfin la plénitude ? Lorsque je comprendrai enfin que cette nature ne sait rien du tout et que ce qu'elle exige ne m'aidera en rien, elle disparaîtra d'elle-même. Ensuite, lorsque mon matériel sera modifié et transfiguré, il fera fonctionner harmonieusement tous les logiciels.

Sandy : Pourriez-vous nous parler un peu plus de la nature de la faiblesse qui réside en nous ?

Guy : Toute idée de faiblesse n'existe pas sans la présence d'un esprit qui est occupé à se comparer. La plupart d'entre nous détestent ce qu'ils sont en raison de leurs faiblesses. Lorsque je me déteste pour mes faiblesses, cela me fait paraître plus fort que je ne le suis vraiment, pas vrai ? Il faut cependant se poser la question suivante : la force que je puise dans la haine de mes faiblesses peut-elle exister sans les faiblesses qu'elle déteste ? Ces deux éléments ne sont-ils pas des partenaires invisibles et indissociables ? L'identité qui déteste mes faiblesses est inséparable des faiblesses auxquelles elle s'en prend et qu'elle a en outre habilitées. Je suis faible quand je vis ma vie en rêve. Je suis faible quand je vis dans mon imagination. Je suis faible quand j'espère être quelqu'un d'autre que celui que je suis dans le moment présent. Quelle est donc la nature de ma faiblesse ? C'est de n'être pas suffisamment présent pour voir ce qui agit en moi et contre moi dans ce même moment présent.

Il est impossible de se développer sans parvenir à des limites quelconques. Nos limites ne sont pas des faiblesses. Elles n'existent pas indépendamment de l'idée d'être quelqu'un qui ne doit pas être tel que nous sommes. Nos limites représentent autant d'invitations à transcender la nature qui croit aux faiblesses. Nous comprendrons tôt ou tard que nous resterons une personne faible tant que nous choisirons de vivre dans un monde où nous combattrons ces faiblesses avec une force imaginaire, qui a justement été produite par la nature qui se qualifie elle-même de faible.

Il existe en nous une force spirituelle naturelle, une sagesse qui est inséparable de notre conscience du moment présent. Cela signifie que plus nous sommes présents, plus nous sommes en phase avec ce pouvoir qui ne se considère pas lui-même comme une force, bien qu'il ne craigne pas la faiblesse. Pourquoi ? Parce que ce pouvoir a la capacité de transformer immédiatement tout ce qu'il touche. Nos limites deviennent alors des atouts. Nos forces deviennent le socle sur lequel nous pouvons acquérir une compréhension plus approfondie des choses. Elles nous permettent de transcender à nouveau ce que nous sommes pour continuer à croître, encore et encore. C'est de cela qu'il est question quand on parle de l'importance de se remémorer sa vraie nature. La nature qui veut que je croie en mes faiblesses agit ainsi parce qu'elle désire maintenir un certain contrôle sur moi. Plus j'en prends conscience, plus je reprends le contrôle de mon existence.

Glen : Si je comprends bien, nous devons devenir le témoin du drame qui se joue devant nous plutôt que d'en être un acteur. C'est bien de cela dont vous parlez, Guy ?

Guy : C'est exact. Notre nature (notre esprit) est divisée. La pensée est un outil phénoménal, mais on a parfois l'impression qu'on est un clou et que la pensée est un marteau. Comprendre les limites de la réflexion et de la pensée est la première étape qu'il faut franchir pour transcender ces limites. Je dois comprendre que mes pensées sont limitées quand elles veulent me compléter, me guider ou m'aider à régler mes problèmes psychologiques.

La compréhension que j'ai des limites de ma pensée engendre un bouleversement subtil, mais important : plutôt que d'être impliqué dans le processus de pensée, je me déplace naturellement vers une position d'observation. Je cesse de réfléchir pour devenir conscient. La conscience opère dans une sphère d'énergie où l'attention et ses composantes sont toutes intégrées. Elle n'a pas de « problèmes ». Elle gère les situations sans y réfléchir. Comme le Christ l'a dit : « Qui de vous, par ses inquiétudes, peut ajouter une coudée à la durée de sa vie ? » Nous ne pouvons pas progresser spirituellement par la réflexion seule. C'est en comprenant que la pensée ne pourra jamais nous permettre de transcender notre nature que nous planterons les graines de notre renaissance.

Megan : Que pensez-vous de l'entraînement des ondes cérébrales, des techniques de liberté émotionnelle et des techniques de relâchement conjuguées à la connaissance de soi ?

Guy : Autrefois, j'ai travaillé avec Vernon Howard, un homme fantastique, un véritable mystique chrétien. Il m'a dit la chose suivante : « Imagine que chaque fois que tu appuies sur la lettre F de ton clavier, la lettre D est produite. Le fait d'essayer de modifier ce que tu vois à l'écran n'aurait aucun effet sur la nature du clavier, qui ne fonctionne pas convenablement. »

Les logiciels ne peuvent pas réparer les machines défectueuses. Pour répondre à votre question, certaines de ces méthodes peuvent effectivement apporter une forme de soulagement. Or, nous ne cherchons pas simplement à soulager nos douleurs, mais bien plutôt à transfigurer notre nature profonde pour ne plus avoir à chercher des moyens de rendre la souffrance tolérable. Nous voulons transcender la nature qui souffre de l'image qu'elle a d'elle-même. Ce que nous cherchons à modifier, c'est notre nature tout entière, et non pas seulement l'une de ses facettes, comme le permettent les techniques que vous avez mentionnées. Je ne veux rien dénigrer en disant cela, que ce soit bien clair pour tous. Nous faisons tous de notre mieux. Je ne pourrai jamais vivre le moment présent que par le prisme de ma compréhension de la situation. Cependant, quand j'analyse cette situation et que je constate qu'elle n'a pas été en mesure de m'aider à transformer ma nature, je dois avoir le courage d'admettre que cette partie de moi a atteint la fin de sa vie utile. Cette connaissance ne me sert plus à rien. Je devrai cesser de m'y fier. Je vais cesser de l'étudier, parce que je sais, profondément (et non pas parce que quelqu'un me l'a dit), que cela ne fonctionne pas. J'ai mûri et j'ai compris quelque chose à ma vie en étudiant intensément la chose qui était censée me libérer. Lorsque vous atteindrez le point où vous comprendrez que rien ne pourra vous libérer, parce que rien ne vous maintient réellement captif, vous serez sur la bonne voie. Votre vraie nature ne pourra plus être réprimée. Votre nature profonde est complète. Toute chose en nous qui souhaite en découdre avec le sentiment d'être inadéquat ou d'être l'esclave de quelque chose appartient en fait à la nature qui nous maintient captifs.

Adèle : Que voulez-vous dire quand vous dites qu'il faut laisser de la place à notre solitude ?

Guy : Il s'agit d'être suffisamment conscient de la partie de vous-même qui a l'impression que vous ne vous suffisez pas. Il s'agit d'observer cette situation si attentivement que vous finissez par reconnaître que la seule chose qui est insuffisante, c'est cette partie de vous qui essaie de vous convaincre que vous ne pouvez atteindre la plénitude qu'avec quelqu'un d'autre. Qu'on me comprenne bien : les relations jouent un rôle important dans notre vie. Les relations nous révèlent à nous-mêmes. Mais dans combien de relations dois-je m'investir avant de me rendre compte que je regarde dans la mauvaise direction quand je cherche à me voir dans le regard des autres ?

Jane : Depuis peu, j'ai des conversations à voix haute avec mon problème, quand je sens une envie forte qui m'assaille. J'ai commencé à lui ordonner fermement de s'en aller. Ça m'aide beaucoup.

Guy : Faites de votre mieux. Si vous constatez que ces besoins commencent à se dissiper quand vous les attaquez de front, vous devez explorer cette avenue. Un jour, vous réaliserez que vous n'avez même pas besoin d'ouvrir la bouche pour confronter ces tentations. Vous pourrez simplement éclairer ces parts d'ombre avec la lumière de la compréhension de soi, pour que votre conscience puisse renverser la situation et vous placer en position de contrôle. Ce ne sera pas parce que vous serez soudainement « plus forte » que votre dépendance, mais parce que, en ayant pris conscience du mécanisme par lequel elle opère, vous l'aurez transformée en quelque chose que vous pourrez maîtriser. La différence est considérable : prenez le temps de le comprendre.

TABLE DES MATIÈRES

Suivez-nous sur le Web

Consultez nos sites Internet et inscrivez-vous à l'infolettre pour rester informé
en tout temps de nos publications et de nos concours en ligne. Et croisez aussi
vos auteurs préférés et notre équipe sur nos blogues !

EDITIONS-HOMME.COM
EDITIONS-JOUR.COM
EDITIONS-PETITHOMME.COM
EDITIONS-LAGRIFFE.COM

Achevé d'imprimer au Canada
sur papier Enviro 100 % recyclé